Minha Vida na Horizontal

Chelsea Handler

Minha Vida na Horizontal

Aventuras sexuais de uma noite só

Tradução
Sibele Menegazzi

Copyright © 2005 *by* Chelsea Handler

Título original: *My Horizontal Life*

Capa: Carolina Vaz (baseada no projeto original de Elizabeth Van Itallie)
Fotos da autora: Jenni Blong

Editoração: DFL

2009
Impresso no Brasil
Printed in Brazil

CIP-Brasil. Catalogação na fonte
Sindicato Nacional dos Editores de Livros, RJ

H211m	Handler, Chelsea
	Minha vida na horizontal: aventuras sexuais de uma noite só/Chelsea Handler; tradução Sibele Menegazzi. – Rio de Janeiro: Bertrand Brasil, 2009.
	272p.
	Tradução de: My horizontal life
	ISBN 978-85-286-1389-6
	1. Relação homem-mulher. 2. Sexo. I. Menegazzi, Sibele. II. Título.
	CDD – 306.7
09-2197	CDU – 392.6

Todos os direitos reservados pela:
EDITORA BERTRAND BRASIL LTDA.
Rua Argentina, 171 – 1º andar – São Cristóvão
20921-380 – Rio de Janeiro – RJ
Tel.: (0xx21) 2585-2070 – Fax: (0xx21) 2585-2087

Não é permitida a reprodução total ou parcial desta obra, por quaisquer meios, sem a prévia autorização por escrito da Editora.

Atendemos pelo Reembolso Postal.

Para meus pais ~~
Obrigada por terem me colocado no mundo.
Agora olha só o que eu fui fazer.

SUMÁRIO

Olha Quem Está Transando com a Mamãe	09
O Começo do Fim	23
Debi e Lóide	27
Adivinha Quem Está Fugindo pela Janela	37
Minha Pepita	55
Rua da Amargura	63
Freada de Bicicleta	71
TROVÃO	79
Bilauzinho	89
Não Acredite em Uma Palavra que Eu Disser	97
O Come-Come	109
Doutor, Doutor	123
Ah, Cale Essa Boca!	139
História de Casamento	157
À Deriva	177
Soltando a Franga	205
Reprise	227
Alarme Falso	247
Agradecimentos	269
Sobre a Autora	271

Olha Quem está Transando com a Mamãe

EU TINHA SETE anos quando minha irmã disse que me daria cinco dólares se eu subisse até o quarto dos meus pais enquanto eles estivessem transando e tirasse uma foto. Naquela idade, eu já tinha ouvido falar em sexo, mas não fazia a menor ideia de como era. Sabia com certeza que meus pais eram sexualmente ativos. Meu pai havia engravidado minha mãe em seis ocasiões distintas e, em todas elas, ela havia decidido manter a gravidez; portanto, estava claro para mim e para meus irmãos que ali, definitivamente, existia uma atração. Havia várias ocasiões em que escutávamos ruídos de impacto e risadas estridentes vindo do quarto deles. Meus irmãos e irmãs sempre reagiram com aversão e, por ser a caçula, eu os imitava, mas nunca soube com certeza por quê. Sem saber em que consistia exatamente o ato sexual, não havia motivo real para que eu sentisse nojo, mas para mim já havia se tornado automático fingir que sabia uma coisa que, na verdade, eu não sabia.

Eu sempre aproveitava qualquer chance de ganhar dinheiro fácil. Vestia as roupas usadas dos meus irmãos desde que nascera e, aos sete anos, já não aguentava mais meu guarda-roupa de segunda mão. Talvez eu não soubesse o que era sexo, mas sabia que precisava incrementar meu guarda-roupa se quisesse ser levada a sério na primeira série: — Sem problema eu disse. — Cadê a câmera e como é que se usa?

Subi as escadas na ponta dos pés até o quarto dos meus pais, com a minha irmã Sloane bem atrás de mim. A porta do quarto deles tinha fechadura, mas ela estava tão velha que não trancava mais por dentro do batente da porta. Se estivesse trancada, não dava para girar a maçaneta, mas, se você jogasse o corpo contra a porta, ela abriria.

Verifiquei a fechadura e vi que estava trancada. Teria de usar a força física. Sloane voltou, rastejando, até o alto da escada. Eu me preparei para tomar impulso e correr.

— Preparada? — perguntei a ela.

— Vai! — ela sussurrou.

Ver a mãe pelada não é algo de que uma pessoa se recupere facilmente. Ver a mãe pelada e pulando de um lado para outro de uma cama king-size com um chapéu de enfermeira, enquanto seu pai, também pelado, a persegue com uma bandana amarrada no pescoço, é motivo para querer ser dada em adoção. Felizmente, tirei a primeira foto antes que a ficha caísse. A segunda foto foi do meu pai correndo na minha direção com um cinto na mão.

Minha irmã já estava lá embaixo quando eu saí correndo do quarto dos meus pais. Pulei do alto da escada até o chão. Por sorte, eu havia aperfeiçoado aquele salto meses antes, durante três dias consecutivos de neve. Não me atrevi a olhar para trás para ver se meu pai e seu pênis estavam me perseguindo; simplesmente continuei correndo. Morávamos em uma casa de vários níveis, portanto, aos pés da escadaria principal, havia um lance menor de escada para a direita e outro para a esquerda. Fui para a esquerda e minha irmã, para a direita. Vi que ela se dirigiu para o porão e a segui. Nosso porão também funcionava como lavanderia; era o único cômodo da nossa casa onde meu pai nunca havia entrado.

— Tranque a porta! — ela berrou, arrastando-se para se esconder sob uma pilha de roupa suja.

— Ai, meu Deus, o pai tá com um cinto — eu disse a ela.

— O quê?

— Um cinto! Ele está com um cinto na mão! Acho que ele quer bater na gente com o cinto!

— É aquele que ele usa com a calça? — ela perguntou.

— É — eu disse. — Acho que ele vai dar uma surra de cinto na gente!

Estávamos aterrorizadas demais para chorar. Aquele era meu fim, eu tinha certeza. Eu seria assassinada no porão por meu pai, pelado e com um cinto. Nunca tinha apanhado de cinto antes, mas ouvira histórias daquilo acontecendo em bairros mais pobres. De repente, escutamos o ruído de passos descendo as escadas e, então, a porta sendo esmurrada.

— Abram esta maldita porta! Já! Vocês duas vão levar uma surra e vai ser agora!

Olhei para Sloane com os olhos arregalados. Queria que ela pensasse numa maneira de sair daquela enrascada. Ela tinha doze anos e precisava assumir o controle.

— Pergunte para ele se vai bater com o cinto ou com a mão — disse Sloane.

Olhei para ela para ter certeza de que estava falando sério e, então, gritei de volta: — Com o cinto ou com a mão?

— Quê?!

Então, eu me aproximei dos degraus que levavam à porta:

— Você vai bater na gente com o cinto ou com a mão?

Agora ele estava sacudindo a maçaneta: — Ninguém vai apanhar de cinto! — ele gritou. — Um... dois...

Isso foi antes de terem inventado essa história de colocar as crianças de castigo, então eu e minha irmã não entendemos o que significava essa contagem. Eu me perguntava se em seguida viria o ABC. Ele parou no "três" e nós nos abraçamos quando o "quatro" não veio.

Sloane se agarrava a mim como a um bote salva-vidas. Seu choro havia se transformado em arquejo e agora ela começara a tremer incontrolavelmente. Tentei confortá-la esfregando suas costas como a mãe fazia, mas estava preocupada demais com a surra iminente que eu iria levar para conseguir tranquilizá-la.

Já que minha irmã havia desmoronado, eu é que deveria tramar um plano de fuga. Naquele momento, Sloane não teria sido capaz de levar um cavalo até nossa piscina, muito menos de me levar até o quarto sem que eu acabasse com a bunda quente.

— Temos que subir e deixar que ele bata na gente — minha irmã sussurrou.

OLHA QUEM ESTÁ TRANSANDO COM A MAMÃE

— Ah, acho que não, hein. Não marco hora para apanhar. Além do mais, foi ideia sua, o pai deveria era bater em você duas vezes.

— Eu quero acabar logo com isso!

— Nem fodendo. Não vou subir lá para apanhar.

Essa era a primeiríssima vez que eu dizia "fodendo" na frente de alguém e gostei de como aquilo soava. Tinha escutado meus irmãos e irmãs falando palavrão, mas nunca me atrevera a usar um na frente de ninguém. Porém, tinha praticado um monte de vezes, sozinha, no meu quarto, testando diferentes cadências e entonações: "Foda, foda, vai se foder, seu fodido. Merda, bosta, cagalhão. Vai foder a foca, seu cagão!" Meu favorito era: "Mas que filho da puta fodido". O plano era dizer isso, casualmente, a um dos meus novos amigos quando um professor estivesse passando perto da gente. Ninguém no jardim de infância entendia bem o meu senso de humor, então eu estava firmemente decidida a deixar minha marca na primeira série.

Dizer a palavra "fodendo" na frente da minha irmã elevou instantaneamente meu nível de autoridade. Sloane me olhava com expectativa. Eu me esforcei para ouvir o que estava acontecendo lá em cima. De repente, tudo ficou quieto. Fantasiei que meu pai tivesse esquecido por que razão havia sequer pensado em bater na gente. Talvez ele estivesse se informando sobre o mercado de ações e houvesse descoberto que suas oito ações da Noah's Bagels haviam quadruplicado de valor. Talvez, se ficássemos lá embaixo por tempo suficiente, ele se esqueceria do que havíamos feito e ficaria de fato contente em nos ver, quando

13

saíssemos de lá. Eu poderia mentir e dizer que estava só procurando cotonetes e que tinha usado a câmera fotográfica para bloquear aquilo que eu não desejava ver. Ou poderia dizer que só queria ajuda com meu dever de casa. Meu pai adorava quando eu fazia o dever de casa.

Não fazia nem meia hora que estávamos no porão quando minha irmã começou a reclamar que estava com fome.

— Onde você acha que a mamãe está? — ela perguntou.

Minha mãe era a boazinha e sempre nos protegia quando meu pai estava de mau humor. Eu sabia que minha mãe não ficaria brava com a gente porque ela vivia nos defendendo do nosso pai, não importando o que houvéssemos feito. Principalmente porque tínhamos um montão de coisas com que chantageá-la.

Eu só precisaria lembrá-la de que, uma semana antes, ela havia se esquecido de me buscar na escola e eu tinha sido abordada por um tarado quando voltava para casa. Nossa casa não ficava nem a dois quilômetros da escola, mas um homem havia reduzido a velocidade do carro, ao lado da calçada na qual eu caminhava, e perguntado se eu conhecia algum truque. Ao dar uma boa olhada naquele cara mais velho, acima do peso, com a barba grisalha por fazer e vestindo macacão, voei para casa correndo mais rápido do que havia feito na competição da escola naquele mesmo dia. Depois de repreender minha mãe durante uns bons vinte minutos por não ter ido me buscar e ter arriscado a possibilidade de eu ser sequestrada, ela finalmente explodiu:

— Mas você não foi sequestrada, foi? — ela disse. — Por sorte, você pôde fugir dele!

Minha mãe é europeia e expressa seu amor em forma de comida e aconchego. Ela não era o tipo de mãe que assistia a peças de teatro ou a jogos de futebol escolar, mas, se você quisesse ficar em casa doente, podia contar com ela. Todas as vezes que subíamos ao quarto dela para nos aconchegar na sua cama, ela tirava uma barra de KitKat ou de Snickers do criado-mudo e nos olhava com os olhos cintilando. Ela ainda é uma mulher muito amável, mas tinha tolerância zero com todas as mães judias da nossa cidade e tentava evitá-las a qualquer custo. Se precisasse ir a uma reunião de pais ou a uma conferência com professores, já sabíamos de antemão que nossa mãe preferiria atear fogo ao próprio corpo; tínhamos sorte se ela aparecesse no nosso *bat mitzvah*. Infelizmente, meu pai adorava todos os tipos de eventos escolares e geralmente comparecia, torcendo e gritando na primeira fila, usando botas de neve e um suéter cheio de pelos de cachorro.

Normalmente, eu esperaria que minha mãe fosse bater na porta do porão e nos explicasse como fazer para evitar a surra, mas sabe-se lá que tipo de barato ela estaria curtindo depois de toda aquela animação lá em cima.

— Ouvi falar que os homens caem no sono depois de fazer sexo — Sloane comentou.

— O papai não parecia cansado quando estava me perseguindo com o cinto na mão — eu disse a ela.

— Não sei se aguento esperar a mamãe vir buscar a gente aqui. Estou morrendo de fome.

Subi na secadora de roupa e me sentei ali: ⁓ A mamãe estava usando um chapéu de enfermeira.

⁓ O quê? ⁓ Ela parecia preocupada.

⁓ Quando eu os peguei no flagra, ela estava pelada e o papai estava correndo atrás dela por cima da cama. Eu vi o bilau dele.

— Credo...

— Credo? Credo? Foi você a pervertida que me obrigou a fazer isso!

⁓ Não achei que você fosse fazer de verdade ⁓ ela disse.

⁓ Você sabia que eu faria!

Aquilo era bem típico de Sloane. Ela sempre dava para trás quando surgia alguma dificuldade. Meus irmãos e irmãs sabiam que poderiam me induzir a fazer qualquer coisa, principalmente porque eu queria que eles gostassem de mim, mas Sloane era um caso à parte. Eu não tinha certeza se *eu* gostava *dela*.

⁓ Você é tão dupla cara — eu disse a ela. ⁓ Eu te odeio.

— É duas caras, idiota, e eu não sou, não! ⁓ ela declarou.

— Ah, é mesmo? E aquela vez com as irmãs Feinstein? eu lembrei.

Um ano antes, quando eu estava no jardim-de-infância e ela, na quinta série, costumávamos caminhar juntas para a escola todas as manhãs. Um dia, duas outras irmãs estavam indo para a aula, seguidas de perto por seu galgo irlandês de um metro e meio de altura. Elas estavam mandando o cão voltar para casa, mas ele não queria obedecer. Sloane ficou com medo porque ele era grande e ficava rosnando para a gente.

OLHA QUEM ESTÁ TRANSANDO COM A MAMÃE

As meninas riam da minha irmã por ter medo do cachorro delas, mas, na verdade, o bicho era bem assustador. Ele era gigante e malvado e parecia ter saído de uma reserva de animais selvagens. Tinha uma enorme ferida aberta na pata traseira que parecia estar se decompondo aos poucos.

— Parem de rir da minha irmã, suas meninas idiotas — eu gritei. — Seu cachorro é horrível e deveria estar num canil público.

— Cale a boca — disse Sloane entre os dentes. — Cale a boca.

— Ah, olha só, a Sloane precisa que sua irmãzinha de seis anos a defenda — zombou uma das meninas.

— Não precisa, não — gritei; então, me virei para receber algum apoio de Sloane... só para vê-la correndo furiosamente na direção da escola.

Anos mais tarde, aprendi a expressão "vira-casaca" em uma aula de história. Tivesse eu esse tipo de munição contra ela antes, as coisas poderiam ter terminado de forma diferente.

— Eu deixei a câmera cair no chão no quarto da mamãe — disse a ela.

— Ah, que maravilha! — Ela se levantou com as mãos na cintura. — Tem fotos lá da festa do pijama na casa da Marsha. Nós todas ficamos sem roupa e tiramos fotos enquanto brincávamos de "verdade ou consequência".

— Por quê? — perguntei.

— Porque sim. Deu vontade.

— Vou contar pra todo mundo — eu disse a ela.

— E daí? — ela retrucou. — Só havia meninas.

— Lésbica! — gritei.

Eu sabia o que era uma lésbica porque a esposa do melhor amigo do meu pai do colégio o abandonou por outra mulher e meu pai só se referia a ela como "a lésbica".

— Eu não sou lésbica. Cale a boca!

— É, sim. Eu sabia.

— Se tem alguém que é lésbica, é você — ela disse. Aquilo calou a minha boca.

— É melhor a gente subir e acabar logo com isso — ela acrescentou. — Pelo menos poderemos comer alguma coisa. Quero um sanduíche.

— Como você pode pensar em comida numa hora dessas? — perguntei a ela. — Você acha que as pessoas durante a Batalha de Gettysburg tinham tempo de pensar em manteiga de amendoim com geleia?

Mudando de tática, ela me lembrou de que era quinta à noite e que iríamos perder *The Cosby Show* se ficássemos no porão. Aquilo teria sido suficiente para levar qualquer criança normal de sete anos à loucura.

Mesmo assim, eu estava preparada para ficar no porão o tempo que fosse necessário até que meu pai esquecesse o que havia acontecido. Eu tinha visto seu pipi e não achava que poderia olhar novamente nos olhos dele por um bom tempo.

Pensei em fugir pela única janela do porão, mas aí eu ficaria lá fora e estava frio. O inverno não era uma época boa para se fugir de casa, principalmente sem uma mochila com roupas extras.

OLHA QUEM ESTÁ TRANSANDO COM A MAMÃE

Eu cá com os meus botões me perguntei se mamãe estaria mesmo brava comigo. Disse à minha irmã que iria precisar de mais do que os cinco dólares que havíamos acertado no começo.

— De jeito nenhum! Você foi pega. Isso não fazia parte do trato! Nem sequer tenho certeza de que devo te dar os cinco dólares!

Dei um tapa na parte de trás de sua cabeça. Ela tentou me bater, mas eu me abaixei. Então, ela correu em direção às escadas.

— Não! Não vá!!! — gritei, mas ela já havia subido os degraus e saía pela porta quando corri atrás dela para tentar puxá-la de volta.

Tranquei a porta no instante em que escutei que ela tomava outro tapa, e esse parecia ter sido dado na sua cara. Ouvi quando ela começou a chorar. Aquilo me afetou profundamente. Eu queria que ela fosse do tipo gladiador, a espécie de menina que eu sonhava ser quando tivesse treze anos. Uma halterofilista com disposição inabalável e um guarda-roupa de grife. Mas ela era uma covarde e eu não poderia seguir seu exemplo.

Estava ficando claro para mim que a única maneira de sair dessa era virar a mesa com relação a meu pai. Em vez de fugir, eu nunca mais sairia do porão. Nem que ele me implorasse. Diria a ele como eu havia ficado abalada pelo que vira e que agora eu tinha sérias restrições quanto a me atirar no mundo real sem um psiquiatra a meu lado. Insistiria em fazer terapia duas ou três vezes por semana e também insistiria para que as sessões fossem durante o horário de aula. Exigiria um guarda-roupa novo completo e que eles me deixassem mudar para o quarto principal, enquanto meus pais passariam a ocupar o meu quarto. Eu os faria implorar meu perdão ao mesmo tempo em que ameaçaria processá-los: negligência paterna, envolvimento de menor em atividade sexual, exposição de menor à pornografia, a lista seria infinita. Eu tinha assistido *Diferenças Irreconciliáveis*. Não era nenhuma boba.

Meu pai bateu à porta pela última vez naquela noite.

— Está pronta para levar suas palmadas?

— Eu quero a mamãe — pedi. Não houve resposta do outro lado da porta. Eu me perguntei que gosto teria o sanduíche de Sloane com os lábios sangrando. Eu me perguntei se os filhos da família Huxtable, do *Cosby Show*, alguma vez teriam pegado seus pais transando. Era importante ocupar a mente com outras coisas, então decidi lavar um pouco de roupa. Talvez, quando minha mãe chegasse e visse que toda a roupa tinha sido lavada, ela contaria a meu pai, que chegaria à conclusão de que eu não era uma filha tão má, afinal. Dei uma olhada na máquina de lavar com todos os seus botões e controles e decidi que dormir era mais interessante.

Acordei em algum momento no meio da madrugada, depois de sentir uma coisa rastejando sobre meu pé. Dei um pulo e corri escadaria acima. Devagar, abri a porta. Todas as luzes estavam apagadas. Ninguém à vista. Fui direto para minha cama e caí no sono.

Meu pai entrou no meu quarto às sete da manhã para me acordar: — Hora de levantar, meu bem. — Então, ele desceu.

OLHA QUEM ESTÁ TRANSANDO COM A MAMÃE

Eu estava exultante. Sloane deveria ter me escutado desde o início! Eu me vesti para ir à escola, comi uma tigela de cereais para comemorar minha vitória pessoal e escovei os dentes.

Meu pai disse que estaria lá fora esquentando o carro. Nunca se sabia a que carro ele estava se referindo, porque havia uns dez em nossa garagem. Papai se considerava um negociador de carros usados, mas, segundo meu entendimento, "negociar" significava comprar e depois vender. Os carros iam se acumulando durante anos a fio em nossa garagem e, na maior parte das manhãs, meu pai tinha de fazer um ou dois deles pegarem no tranco para poder nos levar à escola. Cada carro era mais vergonhoso que o outro e nenhum havia sido fabricado na década em que estávamos.

Saí de casa e entrei no carro que estava soltando fumaça, um Plymouth não-sei-o-quê azul-turquesa fosforescente com interior de vinil. Eu estava tão triunfante com a minha vitória que decidi elogiar o carro.

— Adorei esta cor, pai.

Minha bunda firme, porém macia, de sete anos de idade mal havia tocado o banco de vinil quando meu pai me deu um tapão de surpresa. Bem no meu nariz. Fiquei absoluta e puramente aterrorizada. Mal podia responder com palavras. Pensei que com certeza meu nariz estava quebrado, mas então a sensação de formigamento passou... logo quando eu estava começando a gostar dela.

— Você achou que fosse escapar sem um tapa, não é? — ele disse, triunfante.

Imediatamente desmoronei e chorei feito uma garotinha. Eu sabia, é claro, que era uma garotinha, mas não gostava de agir como uma. Eu estava ao mesmo tempo machucada e furiosa por ter que ir até a escola no carro de alguém que havia acabado de me bater. Eu me senti uma imbecil por achar que poderia dobrar meu pai com um reles elogio àquela merda de carro. Foi uma sensação da qual definitivamente não gostei na época, nem nas centenas de outras vezes que experimentei desde então.

Eu não disse nada o caminho inteiro. Quando chegamos à escola, desci do carro e bati a porta com força. Ele foi embora com alguma peça do carro, provavelmente o silencioso, arranhando a calçada.

Agora, quando me lembro dessa experiência, percebo que talvez tenha sido o fato de ter pego meus pais no flagra, em toda a sua glória, o que me levou a assumir minha própria sexualidade. A forma como aqueles dois estavam se divertindo me fez perceber que havia mais coisas na vida além de macarrão com queijo e *Família Sol-Lá-Si-Dó*. Eu queria fazer parte daquela ação e não gostava nada da ideia de ter que esperar mais dez anos até poder entrar na festa.

Enxuguei as lágrimas, tirei um cereal que estava grudado na minha saia, tentei recuperar um pouco de dignidade e entrei na escola.

Obviamente, eu seria obrigada a contar a todos os meus colegas da primeira série que tinha visto meus pais transando.

 O Começo do Fim

MUITA GENTE ACHA que uma transa de uma noite só é apenas algo de que se envergonhar ou razão para ficar constrangido. Eu discordo. Existem muitas maneiras de se conhecer alguém e a minha favorita é vendo-o pelado em cima de mim.

Também acho importante transar logo depois de conhecer alguém para, assim, descobrir se rola química sexual entre os dois. Caso contrário, você poderia ter de esperar dois ou três meses, depois de começar a sair com alguém, só para descobrir que seu novo namorado é ruim de cama ou, pior ainda, curte bolinhas anais e fita isolante.

Posso me lembrar da minha primeira transa de uma noite só como se tivesse acontecido ontem. Bem, talvez não da primeira. Nem da segunda... nem da quinta. É o seguinte: vou começar com a que me lembro e não vou me preocupar com a ordem.

Era uma noite de verão estrelada no litoral de Nova Jersey. Imagine violinos e uma gaita. Agora imagine a gaita enfiada na minha bunda. Acho que é mais seguro dizer que o litoral de Jersey, mais especificamente a área chamada Belmar, não é o que vem à mente quando se pensa em romance.

Eu tinha uns dezoito anos na época. É difícil dizer com certeza, já que comecei a mentir sobre minha idade assim que meus peitos cresceram. Minha amiga Ivory e eu tínhamos acabado de nos formar no colégio e decidimos comemorar na praia. Ivory e eu nos conhecemos no primeiro colegial e éramos amigas íntimas desde então. Os pais dela vieram de Cuba para os Estados Unidos muito tempo antes de ela nascer. Desde então, haviam tentado provar sua lealdade aos Estados Unidos com cada filho que tiveram. O irmão de Ivory se chamava Cincinnati e ela tem uma irmã chamada July, provavelmente em homenagem ao feriado da Independência norte-americana, 4 de julho. A certa altura do campeonato, eles também se haviam convertido ao judaísmo.

Estávamos explorando o litoral de Jersey pela primeira vez e achávamos que era nossa obrigação, como garotas de Nova Jersey, fazer valer nossa fama de Estado Jardim. Já estávamos cansadas de transar com qualquer fulano, beltrano ou sicrano. Precisávamos de um desafio.

Estávamos a fim de dançar, então procuramos um bar escuro e barulhento com música estridente. Eu a fiz escolher o cara mais sexy do bar e me aproximei dele de forma destemida. É uma sensação de poder enorme abordar um bonitão como aquele e ser tão bem recebida. Pensei: "Uau, eu devo estar linda". Até que comecei a dançar.

O COMEÇO DO FIM

Não sei se você já viu alguma garota judia que se autodiagnosticou como "inimiga do ritmo" tentar arrasar numa pista de dança do litoral de Jersey, mas é algo que definitivamente lembra alguém cuja capacidade motora não se desenvolveu por completo. No meu estado de embriaguez, eu estava movida pela ilusão de ser uma integrante do elenco original do musical *Chicago*. Decidi fazer um movimento em que esfregava a bunda na virilha do meu parceiro, enquanto meus braços agarravam seu pescoço atrás de mim. Quando em dúvida, senhoras, esse movimento sempre irá garantir a vocês pelo menos uma fatia de pizza.

Decidi que queria duas fatias, em vez de uma; havia queimado um montão de calorias durante minha apresentação de *Flashdance* e queria deixar claro para o meu cara que eu não era dessas garotas que fazem dieta. Divertimo-nos muito comendo e olhando minha melhor amiga, Ivory, se agarrando com sua conquista da noite. O cara dela era um verdadeiro traste de Jersey e eles terminaram se mandando no Camaro amarelo-banana dele. Eu fui para a casa do meu cara e comecei a ter uma das melhores transas das quais mal posso me lembrar.

Do que me lembro é de ter ligado o ventilador de teto no máximo (existem duas coisas neste mundo sem as quais não consigo dormir: ventilador e um tapa-olhos de seda), arrancar suas roupas e contemplar um dos corpos mais lindos que nosso ecossistema já criou. Na manhã seguinte, eu estava mancando consideravelmente e não sabia ao certo se era resultado da dança ou do sexo. Depois de vislumbrar a imagem do meu cabelo no espelho, pensei em fazer um teste pro papel principal em *O Rei Leão*.

Namorei esse pedaço de mau caminho durante os oito meses seguintes. Sua aparência compensou sua personalidade nos primeiros meses, mas, depois de um tempo, foi ficando cada vez mais difícil ignorar esta última. Saíamos para jantar e, no minuto em que ele terminava de comer, pousava o garfo e pedia a conta. A casa de veraneio que ele alugou com outros quatro caras só tinha água quente no chuveiro durante os primeiros dez minutos e, depois, ficava congelante, então ele insistia em tomar banho antes de mim, porque eu era a sua "pequena guerreira". Ele também era alguém incapaz de me emprestar sua escova de dente quando eu esquecia a minha, por medo dos germes. Eu gostava mais de seus colegas de apartamento do que dele, então passava o dia com eles e, depois, subia à noite para transar. Colocava a música bem alto para que não nos sentíssemos tentados a conversar.

Nosso relacionamento finalmente terminou quando ele começou a me acordar de madrugada quando ia sair para surfar. Ele achava que seria divertido se eu fosse junto para assistir. "Divertido para quem?", eu quis perguntar. Nunca pedi para ele ir a um happy hour comigo e me ver beber. Expliquei gentilmente que preferiria ficar em casa e pregar minha mão numa parede a olhar alguém vestido com roupa de neoprene tomar um caldo a cada trinta segundos. Além disso, minha bunda não ficava tão bem num biquíni depois de um verão inteiro de margaritas, e achei que já era tempo de procurar alguém que morasse no interior.

Naquele verão, percebi que uma "transa de uma noite só" tem esse nome exatamente por isso: deve durar uma noite só.

Debi e Lóide

NUM DETERMINADO VERÃO, minha amiga Ivory e eu decidimos que, depois de todo nosso "árduo trabalho" na faculdade, merecíamos umas férias. A casa de veraneio dos meus pais em Martha's Vineyard estaria desocupada até a metade de julho, portanto Ivory e eu nos prontificamos, generosamente, a tomar conta do lugar.

Estabelecemos muitas regras naquele verão. Após uma longa conversa sobre dinheiro e responsabilidade, decidimos que um emprego acrescentaria pressão demais ao nosso já confuso horário de alcoolização. A certa altura daquele verão, no entanto, quando estávamos sem um tostão furado, não tivemos opção a não ser ir trabalhar num serviço de faxina. Não foram necessários mais de quinze minutos esfregando o interior de um vaso sanitário para que eu percebesse que o único momento em que me sentia à vontade com a cara enfiada numa privada era após uma longa noite de margaritas. Foi então que resolvemos que deveria ser responsabilidade masculina pagar por nossas bebidas e por qualquer pequena quantidade de comida que nos fosse necessária.

Outra regra era que ambas teríamos de tomar sol sem nada mais forte que um protetor solar fator 2 e nunca por menos de três horas diárias. Expliquei a Ivory que era possível adquirir um bronzeado melhor se ficássemos dentro da água, mas, mesmo tendo pais cubanos, Ivory nunca havia aprendido a nadar. Eu não era boa nadadora o suficiente para ensiná-la, então, em vez disso, comprei-lhe um par de boias de braço amarelas.

Ivory e eu tínhamos levado para Martha's Vineyard maconha suficiente para durar até o fim do mês. Eu me achava "a" maconheira. Porém, acabamos ficando tão chapadas no caminho de ida que apertamos tudo que tínhamos levado em baseados finos e, então, fumamos o estoque inteiro em nossa primeira noite na ilha. Eu tivera uma experiência parecida, uma vez, com macarrão com queijo. Desde então, nunca mais consumi nenhum dos dois.

Uma das regras mais divertidas que criamos naquele verão foi a de fotografar nossas vítimas de abuso sexual. Tirávamos fotos com todos os caras que levávamos para nossa casa.

Uma noite, estávamos num bar jogando sinuca com dois caras. Ivory e eu éramos da mesma equipe e não havíamos acertado uma só bolinha na caçapa, quando apanhei uma com a mão e a enfiei no buraco. Os caras seguiram meu exemplo e aquilo virou um jogo de handebol, todos jogando bolinhas para qualquer canto em que houvesse uma caçapa. Infelizmente, não tenho a melhor das coordenações motoras e, numa

DEBI E LÓIDE

tentativa de fazer uma bola chegar à caçapa do canto, lancei-a girando por cima da mesa de bilhar diretamente para a parede atrás dela, onde a bola se fincou. Logo depois, o garçom nos pediu para ir embora.

Baixamos a bola e voltamos para a casa dos meus pais, enchemos a cara e, então, levamos os caras para nossos respectivos ninhos de amor. À medida que eu rolava na cama onde provavelmente fui concebida, arranquei a camisa do meu cara e descobri um peito completamente sem pelos. Como não havia cicatrizes de queimaduras, deduzi que aquele jovem havia feito aquilo por livre e espontânea vontade. Não havia pelos em qualquer outra parte de seu corpo. Nem dentro da cueca nem nas pernas.

— Cadê seus pelos? — perguntei a ele.

— Eu depilo — ele me disse.

— De propósito?

Eu me senti imediatamente enjoada e acho que cheguei a vomitar um pouquinho, o que acabou me ajudando na hora de orquestrar minha fuga.

— Você está bem? — ele perguntou.

Ruborizei e respondi que havia sido minha primeira noite de bebedeira.

— Acho que as bebidas alcoólicas não são a minha praia — menti.

Ele disse que não tinha problema e que talvez eu me sentisse melhor pela manhã.

— Pode ser — concordei —, mas você não vai estar por perto para descobrir.

Infelizmente, tive que interromper a festa de Ivory para que ela fosse levar meu cara de carro para casa. Ela não ficou muito contente, mas, no fim, parece que também faltavam uns pelos no cara dela. Os da cabeça. Quando eles estavam rolando na cama, a peruca dele saíra voando e ficara presa no babyliss, que passou praticamente o verão todo ligado. Ivory gostava de homens mais velhos, mas não tanto que já não tivessem mais cabelo. Aparentemente, o cara não tinha entrado na fila do cabelo. Agora, se ele havia entrado em outra fila, é algo que jamais saberemos.

Mais adiante, naquele verão, comecei a me engraçar com um cara chamado Tartaruga. Isso se tornaria um tema comum em minha vida: namorar caras com apelidos de animais. Depois teve o Frango e, por um breve lapso de insanidade mental de duas semanas, um garoto chamado Galo. O Frango ganhou esse apelido porque corria mais rápido que qualquer um, enquanto o Galo tinha recebido o seu porque se levantava todas as manhãs no raiar do sol. Nem preciso dizer que minha relação com o Galo não passou da primeira noite em que dormimos juntos. O Frango e o Galo não eram parentes.

Gostava do Tartaruga. Eu o conheci ao parar no posto de gasolina onde ele trabalhava. Só havia um banheiro e eu estava inclinada, cobrindo o assento com papel higiênico, a calça abaixada até os tornozelos, quando a porta se abriu.

— Caramba! Me desculpe — ele disse afobadamente ao fechar a porta.

Quando saí, ele estava esperando perto da saída com uma expressão envergonhada.

DEBI E LÓIDE

— Aquele não é meu melhor ângulo — disse a ele.

Nós dois estávamos com o rosto vermelho de vergonha e começamos a rir descontroladamente. Até o ponto em que precisei ir novamente ao banheiro.

— Você deixou um pouco de papel pra mim? — ele perguntou, quando saí do banheiro pela segunda vez.

— Claro, há um pouco sobre o assento.

O Tartaruga e eu nos dávamos superbem. Ele era o tipo de proletário alcoólatra com quem se podia ter um caso bastante sólido. Era mais sossegado que o Dalai-Lama. Era o protótipo perfeito para um romance de verão: um ilhéu bonito e charmoso, mas não alguém que fosse fazer falta no outono. Ele consertava motos no posto de gasolina durante o verão e, definitivamente, não fazia faculdade. Tinha um vocabulário que poderia competir com o do meu sobrinho de seis anos.

O Tartaruga tinha um tio chamado Marty, por quem Ivory imediatamente se apaixonou. Ele era dono de seu próprio posto e Ivory *amava* seu cheiro de gasolina.

Então, ali estávamos nós, duas garotas judias da classe média de Nova Jersey, dando duro no posto de gasolina onde nossos amantes trabalhavam. Nossos pais teriam morrido de orgulho. Durante um mês inteiro, íamos para lá depois da praia, enchíamos as boias de braço de Ivory na bomba de ar e olhávamos nossos homens consertarem carros. Bem ao estilo Joey Buttafucco. Ficávamos por ali, tomando nossas garrafinhas de vodca com soda limonada, esperando que nossos rapazes terminassem o trabalho para que pudéssemos ir a algum bar muquifento que aceitasse documentos de identidade falsos.

Cada uma tinha seu short feito de uma calça Levi's cortada que usávamos com a cintura superbaixa e as barras desfiadas. Às vezes usávamos camisa, mas, se não tivéssemos comido naquele dia, deixávamos as camisas de lado e simplesmente exibíamos a parte de cima do biquíni.

— Estamos no auge das nossas vidas — Ivory me disse um dia, enquanto olhávamos nossos homens trabalharem e eu tinha acabado de abastecer o carro de um cliente.

— Realmente. — Eu sorri ao acender um Marlboro Red. — Não tem mesmo como ficar melhor que isso.

Marty e Ivory tiveram uma briga feia numa noite, num bar cheio de serragem no chão. Ele fez um comentário sobre não beber mais e ela começou a gritar: "Ah, então agora eu sou uma alcoólatra, é isso?". Marty tinha a fala mansa, mas acho que ele e seu fígado já estavam fartos. Nós quatro vínhamos saindo juntos direto, há um mês inteiro, toda santa noite.

Como amiga solidária que eu era, decidi sair pisando duro junto com Ivory. Infelizmente, perdi o equilíbrio, acabei escorregando porta afora e ganhei uma farpa bem embaixo da nádega direita. Eu vivo caindo, mas, fora isso, sou bastante capaz de não dar pinta de bêbada. Ivory é o tipo de garota que bebe e, imediatamente, começa a falar arrastado. Tenho um monte de amigos assim, e acho que isso me faz parecer mais "controlada".

Na manhã seguinte, Ivory me disse que queria ir a uma reunião dos Alcoólicos Anônimos. Ótimo, pensei. Era só o que me faltava. O verão estava indo tão bem. Tive que me sentar e explicar a ela que o AA era para perdedores e que "alcoólatra" era uma palavra feia. Você passa uma noite na carceragem feminina e, de repente, as pessoas já estão querendo te rotular! Eu disse que não achava que ela tivesse um problema com a bebida e que, além disso, não havia AA em Martha's Vineyard. Afinal, era uma ilha. Nenhuma pessoa normal teria acreditado em mim, mas Ivory adorava ouvir minhas mentiras, principalmente quando significava que ela não teria que fazer algo que, de qualquer maneira, ela não iria fazer direito.

Marty telefonou no dia seguinte para pedir desculpa, pelo quê, eu não sei. Isso acontecia com todos os namorados dela. Eles de alguma forma se convenciam, da noite para o dia, de que eram eles que estavam errados. Era tarde demais, no entanto. Uma vez que Ivory tomava uma decisão a respeito de um cara, não havia volta. Ela nunca choramingava nem reclamava depois de um rompimento; simplesmente seguia adiante. Ela tinha acabado de voltar de sua corrida matinal quando conheceu seu novo namorado, decidindo que o lance com o "proletariado" já dera tudo o que tinha para dar. Eu aceitei aquilo numa boa, porque já estava cansada de me ouvir gritar o nome Tartaruga na cama.

— Vamos passar o rodo na América Latina — ela me disse.

— *Salud* — exclamei, erguendo um copo de Diet Shake. — Finalmente poderemos voltar às suas origens.

Seu novo namorado, Jorge, não falava uma palavra sequer de inglês e, por muita sorte, tinha um amigo com problema idêntico. Lindos garotos latinos. Eles foram nossos latin lovers sofisticados, que cozinharam para nós na casa dos meus pais durante as duas semanas seguintes. Eles nos apresentaram à salsa, à sangria e à comunicação através dos *ojos*.

O nome do meu cara era Hector, que ele pronunciava "Héééééctor". Não conseguíamos nos comunicar muito, mas ele parecia legal e era um bom nadador. Nós nos beijávamos e nos agarrávamos por horas a fio, mas ficava só nisso. A única vez em que tentamos transar, estávamos no chuveiro. Eu estava na extremidade da banheira onde há uma pequena área para se sentar, e ele agarrou minhas mãos para me puxar para mais perto dele. Conforme eu me levantei, meus pés escorregaram e saí voando por entre as pernas dele, caindo de costas e batendo a cabeça. A última coisa em que tentei me segurar foi no croquete dele. Depois disso, decidimos manter o relacionamento num nível mais casual.

Jorge, por outro lado, realmente se apaixonou por Ivory e, de fato, chegou a pedi-la em casamento. Ela tinha algo que fazia com que os caras a pedissem em casamento o tempo todo, uma coisa que nunca pude entender. Todos os caras com quem ela namorava se apaixonavam loucamente por ela. Quer dizer, Ivory era muito bonita e divertida, mas os homens agiam como se sua vagina exalasse pétalas de rosa.

Seja como for, Jorge a pediu em casamento e Ivory aceitou, como sempre fazia, até ficar sóbria novamente e perceber que ele, provavelmente, só estava interessado em conseguir um green card.

No dia seguinte, recebemos um telefonema do Departamento de Polícia de Martha's Vineyard querendo saber se tínhamos alguma ideia do paradeiro de um tal Sr. Jorge

DEBI E LÓIDE

Menendez, que estava sendo procurado por roubo de carros. Não me admira que eles cozinhassem para a gente em casa.

Eu disse à polícia que meus pais não estavam e que o nome do nosso jardineiro era Alejandro. Que, além dele, eu não conhecia mais ninguém de descendência espanhola.

Expliquei a Ivory que nosso verão de amor havia terminado e que precisávamos abandonar o recinto. Fizemos nossas malas, telefonamos para casa e dissemos a nossos pais que estávamos com saudade. É a gíria para "fugindo da polícia".

Discutimos nosso futuro e decidimos que, já que estávamos ambas com vinte anos e odiávamos tanto a faculdade quanto Nova Jersey, era hora de ampliar nossos horizontes.

— O que você acha da Califórnia? — Ivory perguntou. — Você poderia ser atriz e eu arrumaria um emprego de verdade.

— Até que enfim — suspirei. — Agora sim você está começando a dizer coisa com coisa.

E lá fomos nós.

Adivinha Quem Está Fugindo pela Janela

"*SHVARTZER*" é o termo que meu pai usa para se referir às pessoas negras. É uma gíria em iídiche que basicamente significa "negro", "de cor" ou "crioulo". Meu pai é capaz de discutir com você até o sol raiar que ele não tem um pingo de racismo em seu corpo, e uma de suas defesas favoritas é: "Você está brincando? Adoro os negros, eles são excelentes empregados. Além disso, eles correm *pra caramba*". Esse é o mesmo homem que foi a um coquetel no final dos anos oitenta e, ao ver o único casal de negros ali, abordou a mulher e perguntou se ela estaria interessada em limpar nossa casa.

Conheci meu primeiro namorado negro na faculdade. Tyrone e eu sentávamos lado a lado nas aulas de história russa. Nosso professor era um russo de sotaque pesado que falava mais sobre sua infância do que sobre a história da Rússia. Nas provas de meio de semestre de fato tivemos que responder a perguntas sobre sua vida pessoal: em que cidade ele havia nascido, quantos anos tinha quando aprendera a andar de bicicleta sem as rodinhas etc. Tyrone e eu ríamos do absurdo da presunção do professor Beregova, mas todos os demais alunos pareciam achar que aquilo era um planejamento de aula perfeitamente normal.

— Não pode ser que isso aconteça nas universidades sérias — Tyrone me disse um dia, depois da aula. — Por que ninguém mais acha estranho?

— Nem me fale — respondi. — E se supõe que esta seja uma das dez melhores faculdades públicas do país.

Quando levei Tyrone à minha casa para jantar, meu pai tentou fazer o possível para agir como se aquilo não o incomodasse, mas olhava constantemente para Tyrone com o canto do olho. Quando nos dávamos as mãos, meu pai se remexia levemente e olhava para o outro lado. Fantasiei em convidá-lo para dormir lá em casa, sabendo que meu pai não se oporia na frente de Tyrone. Se fosse um namorado branco, meu pai teria protestado na frente de todo mundo, mas, em sua eterna tentativa de se mostrar daltônico, eu sabia que papai não apenas permitiria que ele dormisse lá, como também lhe ofereceria o próprio pijama emprestado. Os únicos assuntos que meu pai conseguia discutir com Tyrone eram futebol, basquete e escravidão.

Tyrone e eu terminamos alguns meses mais tarde, quando ele se transferiu para uma faculdade mais respeitável em algum lugar de Michigan. Quando contei a meu pai sobre sua transferência, ele fingiu decepção: — Que pena, meu bem! Ele era um cara legal. Não era muito escuro, poderia quase se passar por colombiano.

ADIVINHA QUEM ESTÁ FUGINDO PELA JANELA

— Por que ele iria querer se passar por colombiano, pai? — perguntei.

— Escute aqui, não comece com esse papo de racismo, tá? Acho que os *shvartzers* têm muita coragem; adoro os negros. Parece que os cães não gostam muito deles, mas eu não tenho nenhum problema com eles. Veja a Oprah, por exemplo!

— Muito legal da sua parte, pai. Você tem um jeito ótimo com as palavras. Deveria pensar em concorrer a um cargo político.

— Pois é, vou te dizer uma coisa: não seria má ideia. Você não é a primeira pessoa que me diz isso, meu bem. E provavelmente não será a última.

Tyrone tinha sido o primeiro negro com quem eu havia transado, e eu queria muito me aventurar novamente naquela arena. Então, durante os dois meses que eu tinha que matar antes que Ivory e eu fôssemos para a Califórnia, comecei a bater papo pela internet com Jerome, que conheci através do site ChocolateSingles.com. Como ele também morava com os pais, tive que esperar que os meus saíssem da cidade antes de marcar nosso primeiro encontro. Meus irmãos e irmãs já haviam saído lá de casa e eu era a única que ainda morava com meus pais. Jerome e eu tínhamos trocado fotos nossas e, se ele fosse ainda que remotamente parecido com sua foto, eu sabia que iríamos transar.

Concordamos em nos encontrar para um jantar com cinema, que eu sugeri porque não queria ser óbvia sobre meu desejo avassalador de fazer sexo com outro negro.

Planejamos nos encontrar às seis da tarde em uma churrascaria não muito longe da casa dos meus pais. Infelizmente, naquele mesmo dia, eu havia feito arte com meu cabelo.

Estava inspirada e cortei minha própria franja. O resultado não foi nada animador. Resumindo: parecia que eu tinha perdido a briga com uma tesoura de picotar. Consegui dar um jeito na franja prendendo-a com uma fivela diretamente acima da testa, onde começa a raiz dos cabelos. Não era um estilo que caía bem em ninguém, mas, olhando pelo lado positivo, a severidade com que minha franja estava puxada para trás me fazia parecer mais alerta que nunca.

Jerome já estava sentado quando cheguei. Ele tinha um metro e noventa e era espetacular, com um corpo lindo de morrer. Tinha vinte e cinco anos, cabelo curtinho estilo militar, olhos castanho-claros e um sorrisão. Era dez vezes mais bonito que sua foto.

— Jerome? — perguntei inocentemente, como se ele não fosse o único negro no restaurante inteiro.

— Olá — ele disse, levantando-se para me dar um beijo no rosto. Sua pele era a mais macia que eu já havia sentido e era da cor exata de um bombom da Hershey's. Mal podia acreditar em como ele era lindo. Se aquele cara não morasse com os pais, estaria completamente fora do meu alcance. Ele olhou disfarçadamente para a minha fivela algumas vezes e eu senti meu rosto queimando. Ele estava obviamente se perguntando por que eu havia colocado a fivela tão perto da testa.

Eu estava puta da vida por ter cortado meu próprio cabelo. Como pude ser tão burra? Logicamente, tinha que dizer alguma coisa para tranquilizá-lo: — Tive um pequeno acidente hoje — expliquei.

— Nossa! — ele exclamou.

— Não foi nada grave. Eu estava trabalhando como voluntária no *Boys and Girls Club of America* e um garotinho tacou fogo no meu cabelo. Ele sofre de DDA e é um caso muito triste.

— Ah, meu Deus, você se machucou? ﹏ Jerome perguntou.

— Não, não, não — eu disse, aliviada porque a mentira parecia estar funcionando. — Me senti uma idiota quando me olhei no espelho, mas estava mais preocupada com o Linus.

— ﹏ Quantos anos tem o garoto? ﹏ perguntou Jerome, horrorizado.

Fiz força para pensar na idade apropriada para uma criança que atearia fogo em alguém: — Sete ﹏ respondi ﹏, mas com um certo retardo. — Eu não sabia de onde essas mentiras estavam saindo, mas não podia mais parar. Estava tão intimidada por ele que simplesmente me lancei numa história que nos garantiria muito sobre o que conversar.

Quinze minutos depois, Linus já se tornara um gêmeo siamês cujo irmão não havia sobrevivido à cirurgia e cuja mãe biológica havia tentado vender no site de compra e venda eBay.

— Eu nem sabia que havia um *Boys and Girls Club* por aqui — disse Jerome.

Eu nunca tinha visto um *Boys and Girls Club* na minha vida, mas não iria dizer aquilo a Jerome. — Ah, tem um no shopping — falei sem pensar.

— Sério? — ele perguntou. — Que estranho!

— É novo — eu disse. Eu sabia que teria que parar de mentir em algum momento, mas não sabia como fazê-lo. Precisávamos mudar de assunto rapidamente, e eu precisava de uma bebida para relaxar.

Embora ainda não tivesse idade para beber legalmente, eu tinha uma identidade com a minha foto e todos os demais dados de Sloane. Minha mãe me dera a certidão de nascimento de Sloane quando fiz dezoito anos, depois que lhe expliquei como seria difícil para mim fazer amigos na faculdade sem uma identidade que mentisse que sou maior de idade. Minha mãe concordou em me ajudar no meu crime, mas só se eu prometesse nunca contar à minha irmã, recentemente convertida em mórmon, cuja identidade eu havia roubado.

—Você está bem? Você parece... — disse Jerome.

— Estou bem — disse.

Se eu pudesse simplesmente relaxar por um minuto, seria alguém normal. Chamei o garçom e pedi uma vodca com suco de cranberry. Jerome pediu água gelada. Merda, pensei.

— Você não quer uma bebida? — perguntei.

— Não bebo — respondeu Jerome.

Aquilo ia ser um verdadeiro desastre. O que ele queria dizer com "não bebo"?

— Nunca? — insisti.

— Não gosto do sabor — ele me disse. Então, ele se inclinou na minha direção. — Isso não quer dizer que eu não saiba me divertir.

Sorri e insisti: —Tem certeza de que não quer tomar uma cerveja ou algo assim?

ADIVINHA QUEM ESTÁ FUGINDO PELA JANELA

— Tenho. — Ele sorriu. Ia ser um longo jantar. Eu nunca tinha saído com alguém que não bebesse e não estava gostando nada da ideia.

Se aquele cara tivesse qualquer conexão com os Alcoólicos Anônimos, definitivamente tentaria me recrutar; então perguntei, para ter certeza.

— Você não faz parte do AA, faz? — indaguei de uma forma que deixava implícito que, se ele fosse do AA e fosse se incomodar de eu beber, eu simplesmente não o faria. É claro que isso não iria acontecer de verdade; eu só queria fingir que tinha educação. Imediatamente, comecei a visualizar cenas nas quais eu era sua madrinha no AA, esperando pela noite em que ele me telefonaria e diria que queria uma bebida. Eu iria pular feito uma doida no telefone e dizer: "Aqui tem bebida! Venha já pra cá!".

— Não, imagina. Vá em frente, eu não me importo. Só não gosto de beber.

Portanto, fui em frente com tudo. Lá pelo meu quinto drinque, estava começando a me transformar na versão mais normal de mim mesma, o que significa que só apimentava minhas histórias com meias-verdades, em vez de inventar as coisas do nada.

Acabou que ele era um estudante do terceiro ano de direito em Seton Hall. Sua mãe e seu pai tinham uma loja de ponta de estoque de sapatos em Secaucus, Nova Jersey.

— Minha nossa! Adoro sapatos — foi minha resposta profunda.

Ele era um cara realmente decente, com uma personalidade encantadora, e eu não fazia a mais remota ideia do que ele estava fazendo ali comigo. Ele amava muito os pais e falava sobre a mãe de uma maneira que mais homens deveriam fazer. Era algo encantador de se observar e espero que, quando nos casarmos, ele tenha o mesmo respeito por mim.

O pensamento de não dormir com ele de cara logo cruzou minha mente, já que eu queria ganhar seu respeito, mas de jeito nenhum eu conseguiria me controlar. Ele era bonito e gentil demais. E eu sabia que, se namorássemos, ele provavelmente acabaria me odiando de qualquer jeito.

— Quer pular o cinema? — perguntei.

— Claro, se você quiser — ele respondeu.

— Meus pais foram viajar. Nós poderíamos voltar para a minha casa e ficar por lá.

— Podemos fazer isso — ele concordou.

Ele me seguiu até a minha casa e estacionou seu carro na rua. Assim como a maioria das visitas de primeira viagem, ele me perguntou por que havia tantos carros na nossa garagem e expliquei-lhe que meu pai era viciado neles e que era incapaz de vender qualquer das latas-velhas que estavam ali. Disse que, se ele quisesse, eu poderia lhe fazer um bom preço no Buick 85 sem motor.

— Quer dizer que nenhum desses carros funciona? — ele perguntou.

—Alguns, sim — respondi. — De qualquer forma, quem é que vai querer dirigir uma coisa dessas em público?

ADIVINHA QUEM ESTÁ FUGINDO PELA JANELA

Ele fez a mesma cara que nosso vizinho fazia toda vez que chamava a polícia para denunciar que meu pai tinha carros demais na garagem.

— Nossa! — Exclamou Jerome.

Entramos e fomos direto para a sala de TV. Liguei a televisão e me servi uma dose de Grey Goose com Tang. Ele, é claro, não quis nada alcoólico, então lhe dei uma Coca-Cola. Parecia que eu estava numa festa de aniversário no McDonald's. Como é que ele iria dar em cima de mim sem nenhuma gota de álcool? Eu podia facilmente me atirar em cima dele, mas não tinha certeza se ele gostava tanto de mim quanto eu do seu corpo.

Eram só nove da noite, então ligamos a TV e começamos a assistir a *Os Vídeos Mais Divertidos dos Estados Unidos*. Fiquei tentada a colocar o vídeo pornô que tinha roubado do meu irmão, mas não queria que Jerome pensasse que eu era completamente perturbada. Meu irmão estava na escola de culinária e havia deixado para trás mais de cinquenta vídeos pornôs, que ele se dera ao trabalho de esconder no armário de roupa de cama. De vez em quando, ele telefonava para casa e pedia para a mamãe lhe mandar um dos vídeos. Eles já não estavam mais nas caixinhas, então só dava para saber que eram pornográficos pelos títulos. Minha mãe me perguntou uma vez se eu já havia assistido a *Kristen em Kentucky* e eu disse: — Sim, é a história de uma garota dividida entre dois amores. Literalmente.

— Seu irmão deve gostar muito, ele quer que eu o envie para ele — mamãe disse.

Jerome e eu começamos a nos aproximar cada vez mais. Ele estava alisando a minha perna quando eu joguei minha cabeça no colo dele e olhei em seus olhos.

—Você é lindo — disse a ele.

Ele riu e, então, me beijou. Finalmente, estávamos nos agarrando. Ele tinha os lábios mais macios que eu já sentira e cheirava a Drakkar. Eu adorava, adorava, adorava Drakkar. Passei as mãos pelas costas dele e me agarrei a seu imenso físico de jogador de futebol americano. Em cada lugar que eu punha a mão, encontrava um músculo novo. Coloquei as mãos dentro de sua camisa para me deparar com o abdome de tanquinho mais sarado que eu já tinha visto. Aquele cara estava incrivelmente em forma, e sua pele era tãããããão macia!

Eu estava tão excitada que mal podia me controlar. No entanto, devia manter a calma e não me esquecer de encolher a barriga. Queria que ele pensasse que eu estava fisicamente em seu nível, então mantive o corpo na posição mais favorecedora: a horizontal.

Ele se ajeitou para ficar em cima de mim e se esfregar um pouco, e foi então que senti o que só poderia ser uma terceira perna. Eu me contorci um pouco sob ele para confirmar.

— Isto é o seu pinto? — gaguejei.

Ele deu uma risadinha e continuou me beijando.

—Tô falando sério — insisti. — Isto é o seu pinto?

Ele parou de me beijar e ergueu a cabeça para me olhar com severidade. — Sim, é meu pinto.

ADIVINHA QUEM ESTÁ FUGINDO PELA JANELA

— Bem, então temos um grande problema — declarei. Ele simplesmente continuou me olhando.

— Sinto muito — disse a ele. — Seu pênis é grande demais. — Eu tinha uma amiga que havia chorado durante o sexo uma vez, e agora eu sabia por quê. Ele saiu de cima de mim. — Ainda podemos brincar um pouco — eu lhe assegurei. — Só não podemos transar.

— Bem, o que te leva a crer que eu queira transar com você, em todo caso? — ele retrucou.

Quis lhe dizer que era bastante óbvio, a julgar pela bomba-relógio que crescia entre as suas pernas.

— Está bem, nossa, não precisa ficar tão ofendido — eu disse. — É que, caso você quisesse, gostaria que você soubesse que não posso. — Teria que ser do tamanho de um túnel para acomodar aquela coisa.

— Bem, você não é a primeira — ele disse, derrotado. Aparentemente, aquilo já havia acontecido antes.

— Sério? Sinto muito, é que você é grande demais. Parece um ônibus espacial — disse. Ele parecia chateado e eu me senti mal por ele. — Podemos ir para o meu quarto e fazer outras coisas. — Com "outras coisas", eu queria dizer dormir, porque eu não queria aquela coisa fora de seu esconderijo, por medo de que ela atacasse.

Quando chegamos ao meu quarto, nós nos beijamos e nos acariciamos muito, e isso foi tudo. Começamos a nos esfregar e eu tive certeza de que ele havia gozado na calça, porque apagou cerca de trinta segundos depois.

47

Por volta das oito da manhã seguinte, escutei um barulho vindo da cozinha. Meu quarto ficava no térreo, não muito longe.

Era meu pai falando com nosso cachorro, Whitefoot: — Você é um cachorro judeu muito bonzinho, e se comportou tão bem na volta de carro. Não é mesmo? Você quer ir à escola hebraica com todos os outros cachorrinhos judeus do bairro? Você não é mesmo um menino bonzinho? Não é um menino bonzinho?

Caralho! Meus pais estavam em casa. Olhei para Jerome, que estava dormindo profundamente. De imediato, me levantei e tranquei a porta, então repensei, me vesti e o despertei:

— Jerome — sussurrei —, meus pais estão em casa.

— Ah, merda! — ele disse, pulando da cama. — Pensei que eles estivessem em Martha's Vineyard.

— E estavam. Não sei o que estão fazendo de volta tão cedo. Fique aqui e eu vou descobrir se eles vão sair novamente.

Para que Jerome pudesse sair pela porta da frente, teria que passar pela cozinha. A situação não parecia muito boa. Abri a porta e saí andando.

— Aí está ela! Oi, meu bem, o que está rolando? — Meu pai estava de bom humor, e eu queria que ele continuasse assim.

— O que você está fazendo em casa? — perguntei com a voz sonolenta, como se eu já não estivesse completamente desperta e alerta.

— Conhecemos um casal lá em Martha's Vineyard que precisa de um carro para o filho. Ele está saindo de casa para ir à faculdade. Eu disse a eles que era negociante de carros e eles querem comprar um. Vou levar um para eles. Aquele Civic charmoso que temos na garagem. — Ele disse isso como se eu não visse o hatchback azul de duas portas toda vez que chegava em casa. Ele também disse aquilo como se fosse um carro excelente, que qualquer pessoa em sã consciência fosse querer comprar: — Esses carrinhos duram pra sempre — ele afirmou.

— Ele pega, pelo menos? — perguntei a ele.

— Se ele pega? É claro que sim! Só precisa de um empurrãozinho, só isso. Vou mandar trocar o óleo e levá-lo para Martha's Vineyard hoje mesmo.

"Boa sorte com aquela merda", era o que eu queria dizer: — A mamãe ainda está lá? — foi o que eu realmente disse.

— Está sim, boneca, e está morrendo de saudade de você. Por isso, você pode ir de carro até lá, para que a gente tenha como voltar depois.

— Quando? — perguntei, mas, antes que ele pudesse responder, escutamos um barulhão na varanda da frente da casa. Nunca falei com Kato Kaelin, mas imagino que tenha sido algo parecido com o barulho que ele ouviu quando O.J. Simpson entrou escondido em casa depois de matar Nicole e Ron (ou não).

— Que diabos foi isso? — meu pai perguntou, enquanto Whitefoot cuspia seu bagel com cream cheese, começava a latir e corria para a porta da frente.

— Não ouvi nada, pai.

— Não seja tola, meu bem, é claro que ouviu — ele disse ao se levantar e ir até a porta da frente. Fui atrás dele tentando pensar numa maneira de impedir que ele visse o que eu só podia deduzir fosse Jerome fugindo. Mas não consegui pensar em nada.

Quando meu pai abriu a porta, vimos Jerome sem camisa correndo pelo jardim da nossa casa. Ele pulou para dentro de seu carro e picou a mula.

— Que diabos era aquilo? — meu pai perguntou.

Eu apenas olhei para o céu, esperando que um asteroide caísse.

— Meu Deus do céu, Chelsea! O que diabos você fez desta vez?

Meu relacionamento com meu pai já não era lá essas coisas desde os meus quinze anos, quando chamei a polícia para denunciá-lo por abuso infantil. Ele nunca havia abusado de mim, mas eu queria dar uma festa naquele fim de semana e precisava que ele saísse de casa. Já havia passado muito tempo desde a última vez em que ele tinha me batido no rosto, seu movimento típico, mas eu ainda estava nervosa. Apenas uns meses antes, ele teve um ataque de fúria que só posso descrever como um momento King Kong/Donkey Kong, quando, então, ele virou todos os vasos do deque de trás da casa, com flores, plantas, terra e tudo, no chão. Isso foi porque minha mãe escondeu o controle remoto da televisão e meu pai é preguiçoso demais para se levantar e ligar a TV manualmente.

Eu me afastei dele o mais rápido que pude e corri para meu quarto: —Você é incrível, sabia, Chelsea? Incrível. Estou pensando seriamente em telefonar para a polícia e denunciar o carro que ele estava dirigindo. Tenho certeza de que era roubado — gritou meu pai, vindo atrás de mim.

ADIVINHA QUEM ESTÁ FUGINDO PELA JANELA

— Não, pai — eu disse, por trás da porta fechada. — Não era roubado, seu racista. Era dele mesmo.

— Puta que pariu, Chelsea, abra esta merda desta porta antes que eu a arrombe. Que tipo de garota anda por aí com um monte de estranhos? — ele gritou. — Você ao menos conhece aquele cara?

— É claro que sim — argumentei de trás da porta. — Nos conhecemos pela internet.

— Ah, pelo amor de Deus! Quer saber de uma coisa, Chelsea? Tenho novidades para você. Se você quer que os homens te respeitem, não deve sair por aí dando assim de graça.

Hã? Estaria meu pai sugerindo que eu começasse a cobrar?

Pensei em contar a meu pai que o pênis do Jerome era grande demais e que por isso não tínhamos transado, mas não sabia se a palavra "pênis" era permitida. Sabia que "vagabunda" era, porque ele havia acabado de me chamar daquilo. Olhei para o outro lado do quarto, vi minha janela aberta e meu pai tentando enfiar a cabeça por ela.

— Aaaah! — gritei.

— É melhor que você me escute, sua merdinha! — A cabeça do meu pai é do tamanho de uma bola de praia e não passaria pela janela nem com vaselina, mas isso não o impedia de tentar. — Sua mãe e eu já estamos cheios de você, sempre por aí com homens estranhos, seu desempenho meia-boca na faculdade, a falta de emprego. Que tipo de vida você quer para si mesma? — Enquanto meu pai gritava um insulto após o outro, pensei em atirar uma bola de tênis na cabeça dele. Infelizmente, não havia nenhuma por ali.

— Junte as suas coisas. Vamos sair daqui a duas horas e ir para Martha's Vineyard e você tem que me seguir, caso o Civic quebre. — Então ele se virou e voltou para dentro de casa.

Após cerca de duas horas e meia de viagem, o carro do meu pai furou um pneu. Estacionei atrás dele e o observei tentando trocá-lo. Momentos depois, um Toyota 4Runner parou ao lado da estrada e um cara negro desceu. Eu também saí do meu carro. Nós dois nos encontramos no carro do meu pai e o estranho perguntou: — O senhor precisa de ajuda com esse pneu?

Meu pai olhou para cima e respondeu: — Ah, sim, seria bom. Não sei o que aconteceu. Só preciso colocar o estepe e mandar esse pneu para o conserto. — O pneu precisava era ser jogado no lixo, não "ir para o conserto", mas isso era mais um caso de ilusão do meu pai a respeito da condição de seus carros. Quando meu pai percebeu que eu estava de olho no negão, que não era de se jogar fora, ele disse: — Chelsea, entre já no seu carro e segure a onda. — O cara negro olhou para nós dois com uma expressão confusa no rosto e, então, ajoelhou para começar a soltar os parafusos da roda.

Quando chegamos a Martha's Vineyard, meu pai fez para minha mãe um resumo do que havia acontecido.

— Eu e Whitefoot estamos na mesa, tomando café da manhã, e quem você imagina que sai do quarto como se nada estivesse acontecendo? Chelsea, é claro. E, antes que eu pudesse piscar os olhos, escuto o *shvartzer* pular pela janela do quarto dela e roubar um carro.

— Pai, cale a boca. Você sabe que ele não roubou aquele carro. Era dele — eu disse. Estava entediada com a reconstituição dos eventos.

ADIVINHA QUEM ESTÁ FUGINDO PELA JANELA

Minha mãe veio até mim e se sentou a meu lado: — Melvin, por favor, deixe-a em paz — ela disse.

— Ah, pronto! A mamãe ama Chelsea e o papai é o malvado. Já entendi, já percebi o que está acontecendo. É hora de se envergonhar do papai, não é? Eu sou o pior papai do mundo inteirinho!

Eu queria que essa discussão toda terminasse logo de uma vez. Mas, principalmente, queria que meu pai parasse de se referir a si mesmo como papai. Aquilo estava me dando nos nervos. Meu irmão Greg entrou, enquanto isso tudo acontecia, e me deu um tapinha nas costas.

— Bom trabalho, Chels. Parabéns.

— Não a incentive, Greg. Chelsea, você precisa estabelecer prioridades, não desfilar por aí sem fazer nada o dia inteiro além de assistir a seus programas e falar na droga do telefone. E o que os negros têm que você gosta tanto? Está só tentando me irritar? — ele perguntou.

— Bem, eles são conhecidos por ter o pênis enorme — disse Greg.

Eu já tinha dado o fora antes de poder ver o rosto do meu pai explodindo numa fúria selvagem. Meu irmão e minha mãe não ficaram muito atrás e nós três pulamos para dentro do carro de Greg e fomos até a cidade tomar sorvete.

Depois de dois dias inteiros de silêncio por parte do meu pai, ele se arriscou a sair e comprou três caixas enormes de blueberries. Blueberries era a minha fruta favorita. Ele as deixou sobre o balcão da cozinha e voltou para Nova Jersey.

Minha Pepita

ACHO QUE TODOS nós concordamos que transar com um monte de gente é uma ótima maneira de conhecer gente. Como assim, transar com anões é uma ótima maneira de conhecer anões.

O mais legal de se dormir com um anão é que primeiro você pode transar loucamente com ele e, depois, pode usá-lo como travesseiro. Os anõezinhos são muito sossegados. Às vezes, quando vejo um, sinto vontade de correr atrás dele. Não quero assustá-lo, apenas agarrá-lo e me aconchegar nele. Mas o que eu queria mesmo era um para levar comigo no carro e, assim, poder seguir pela via expressa.

Acho que o que estou tentando dizer é o seguinte: se você quer muito alguma coisa, deve simplesmente ir atrás dela.

Eis aqui o que me lembro: cheguei a uma festa em Cabo San Lucas, no México. Já fazia um ano que eu vivia na Califórnia com Ivory e estava indo me encontrar com minhas irmãs para umas férias, mas elas só chegariam na noite seguinte.

Um quarto de hotel só para mim é a minha definição de divertimento.

Fui até a piscina, onde conheci um casal que me disse que iria a uma espécie de festa de *Cinco de Mayo* cheia de margaritas. Achei que era uma boa ideia, portanto meus novos amigos e eu decidimos ir.

São sempre os casais mais amigáveis os que têm os maiores problemas. Faz todo sentido, se você parar para pensar. Eles estão tão infelizes um com o outro que é claro que vão ficar fascinados por você.

Quando eles não estavam me fazendo perguntas sobre meu pai judeu e minha mãe profana, estavam ocupados se xingando mutuamente. Aqueles dois brigavam o tempo todo, algo que não me incomodava. É muito mais interessante do que observar um casal que não consegue se desgrudar e que fica fazendo caras e bocas entre si. Tive uma companheira de quarto que tinha namorado, e só o que eles faziam era lançar olhares apaixonados um para o outro. Ele era só emoção, o tempo todo, constantemente falando sobre seus sentimentos e seu profundo amor por ela. Estava a segundos de entrar no cio. E também escrevia poemas para ela. Pessoalmente, acredito que, se um homem escreve poemas, está tentando compensar por alguma outra coisa. Tipo costas peludas ou uma bola só. Não que uma bola só seja algo ruim. Principalmente porque não conheço mulher alguma que esteja sedenta para pôr as mãos num par de bolas. Na minha forma de ver, quanto menos bolas, melhor.

MINHA PEPITA

De qualquer forma, aquele casal não era nem um pouco grudento. Se você colocasse um guardanapo entre os dois, eles encontrariam um jeito de discutir sobre ele. Os dois passavam o dia brigando, enquanto eu me empenhava em ficar terrivelmente queimada de sol. Minha mãe havia me mandado umas daquelas frasqueiras em que você coloca seus xampus e cremes em potezinhos não rotulados e, portanto, não precisa viajar com os frascos grandes, que podem vazar. Aquilo que eu pensei que fosse protetor solar era creme para os pés. Eu estava mesmo estranhando que o cheiro fosse tão forte. Minha mãe passou minha infância inteira tirando sonecas enquanto eu passava horas a fio abandonada no shopping ou na escola hebraica e, agora, de repente, estou com vinte anos e ela resolve arrumar minhas malas.

Não era a primeira vez que eu ficava com cara de idiota. No entanto, era a primeira vez que completos estranhos se referiam a mim como "a idiota". Decidi que branco fazia um bom contraste com meu bronzeado camarão para a festa daquela noite, e que seria uma ótima maneira de atrair a atenção que eu merecia.

A festa foi o máximo. Ficava a cerca de cinco minutos a pé do nosso hotel, na mansão de algum milionário em frente à praia. Todos dançavam salsa em volta da piscina, enquanto as ondas quebravam na areia. Havia bailarinas de dança do ventre nas sacadas, esculturas de gelo em forma de margarita que eram feitas de fato de margarita, e as pessoas estavam começando a se despir. Todo mundo era incrivelmente receptivo e eu tive uma leve suspeita de que havia algum tipo de ecstasy na história; porém, eu me abstive, porque aquela não era a minha turma e, além disso, estabeleci uma regra pessoal de nunca experimentar drogas quando estivesse tão brutalmente queimada de sol. Álcool, por outro lado, é algo que nunca está proibido.

Então eu o vi. Meu anãozinho, usando um *sombrero* cheio de batatinhas fritas e molho! Era a coisa mais adorável em que eu já havia deitado os olhos. Como se fosse possível que minha noite ficasse ainda melhor, ele estava sem camisa, mas usava um avental e calça branca. Achei que eu tivesse morrido e ido para o céu.

Ficamos juntos a noite toda. Eu não podia parar de abraçá-lo. Era um dos anões mais engraçados que eu já havia conhecido (sem contar os da internet, claro). Tinha as mãozinhas mais fofas do mundo e a voz bem aguda. E tinha a forma de uma esfera perfeita. Contava-me uma piada racista atrás da outra e eu não me cansava dele. Em certo ponto, tive que mandá-lo passear porque precisava retomar o fôlego. Meu estômago estava doendo. Ele me dava tapas no peito quando ria, deixando marcas que pareciam as pegadas de um cachorrinho. Então, começou a latir. Adoro caras que não se levam muito a sério. Parecia um oompa loompa *da Fantástica Fábrica de Chocolate*, bem safado. Ele me dava um shot de tequila depois do outro e, com isso, ele ia ficando cada vez mais alto, mais alto e mais alto.

Seu nome era Eric e ele era de Cleveland. Queria chamá-lo de Pepita, mas achei melhor esperar até que nos conhecêssemos melhor. Ele havia se mudado para o México para farrear durante um ano, depois de ter se formado na escola de funerária. Ele imaginou que, como seu futuro seria bastante lúgubre, era melhor se esbaldar antes.

MINHA PEPITA

Conversamos e dançamos e, em determinado ponto, tentei pegá-lo no colo, mas ele era bem pesado para um cara tão pequeno. Sua mãe também era anã e seu pai era de altura normal. Acho que seu pai tinha uma queda por anões, pois havia se casado com outra anã antes da mãe dele. Ela o havia traído com alguém do tamanho dela, então ele foi embora. Achei que o pai dele parecia ser um cara maneiro. Tão cabeça aberta para ter fetiche pelas anãzinhas.

A insolação, combinada com minha décima quarta margarita, estava começando a embaralhar minhas ideias. Entrei numa névoa profunda e não recuperei meus noventa por cento normais de capacidade mental até a manhã seguinte.

A primeira coisa que vi quando acordei foram dois minúsculos pés correndo pelo azulejo espanhol em direção ao banheiro. Eu estava bastante confusa. No início até pensei: "Ótimo, tive um bebê". Então, chequei debaixo das cobertas. Ainda estava de calcinha. Eu sabia que não dava para ter um bebê sem tirar a calcinha.

Depois ouvi o que parecia ser uma pessoa pulando da tábua do vaso sanitário e aterrissando no chão: — Puxa, esses azulejos estão frios — disse alguém cuja voz soava como se houvesse acabado de inalar um tanque inteiro de hélio. Aquela voz esganiçada foi demais. Tudo começou a voltar à memória, e não era nada bom. Minha cabeça girava e eu não estava de bom humor. Não sabia se as coisas iriam ficar violentas, mas uma coisa eu sabia: Eric tinha que sumir. Mas primeiro eu precisava saber se tinha dormido com um anão e precisava saber logo.

Então eu o vi. Seu pingolim era do tamanho de uma jiboia. Eu não podia acreditar. Meu queixo caiu e fiquei olhando por um minuto no mais puro e excitante terror.

— Nós transamos? — perguntei.

Eric foi rápido em dizer: — Podemos transar, se você quiser.

Minha vagina imediatamente se encolheu. Temi pela minha vida e pela vida da minha periquita. Só desejei que ambas pudéssemos sair dessa inteiras.

— Você ficou bêbada de verdade na noite passada — ele disse, de forma condescendente. Nossa, que cara esperto!

— Escute aqui, Sherlock Holmes, nós transamos ou não? — perguntei.

— Bem, depende do que você quer dizer com "transar" — ele respondeu. Aquele cara estava ficando mais irritante a cada minuto. Todo o charme havia desaparecido junto com o efeito da tequila, e comecei a vê-lo como uma piñata. Será que eu conseguiria ganhar desse cara numa briga? Será que eu era forte o bastante para brigar com um anão?

Vendo que eu estava irritada, ele se apressou em responder: — Não, só te fiz um pequeno agrado e daí você apagou.

Graças a Deus pelo álcool. Pensar que eu podia de fato ter tido aquela coisa dentro da minha garotinha deixava a mamãe muito assustada.

Então, ouvi minhas irmãs entrarem pela porta.

Minhas irmãs são uma dupla muito interessante. Uma delas se converteu em mórmon. A outra continua sã.

Sloane, a mórmon, e eu sempre tivemos uma relação tumultuada. Ela parece achar que roubei seu lugar ao nascer.

MINHA PEPITA

Ela é cinco anos mais velha que eu e tinha reivindicado o trono de filha caçula, sem nem sonhar em ter concorrentes. Sua versão da história é que, com a minha chegada, ela foi jogada a um canto emocional obscuro, incapaz de se expressar ou obter a atenção com a qual havia se acostumado. Ainda sofrendo da síndrome do filho do meio, aos vinte anos, minha irmã decidiu se distinguir do restante de nossa família convertendo-se ao mormonismo. Ela acreditava que essa seria uma forma de criar a própria identidade. Seu plano foi bem-sucedido, embora agora sua identidade seja a de maluca. Fomos lentamente nos aproximando quando tínhamos vinte e poucos anos, mas Sloane é muito moralista e algo como transar com um anão poderia implicar uma grande recaída. Sidney, a mais velha, sempre havia sido minha segunda mãe. Durante toda a minha infância, era Sidney quem me buscava na escola hebraica quando meus pais se esqueciam de mim e era quem pedia o número do telefone dos pais dos meus amigos, quando eu ia dormir na casa deles. Minha mãe era tranquila demais sobre esses assuntos. Lá pelos meus dez anos, se eu dissesse a ela que ia fazer um mochilão pelo Himalaia durante o fim de semana, ela teria dito para eu me divertir bastante e não me esquecer de ligar quando voltar.

Minha família toda sabe que tenho uma tendência ao hedonismo, mas não acho que dormir com um anão se insira nessa categoria. Ou na categoria de compartilhar essa experiência com qualquer outra pessoa no mundo. Não por enquanto, pelo menos. Eu não queria ver aquela cara de decepção nas minhas irmãs durante os cinco dias seguintes. Tinha que pensar rápido.

Corri para a sala e expliquei que havia um anão pelado no meu quarto porque o hotel se confundira quando eu pedi serviço de quarto.

As duas me olharam com repugnância.

Eric saiu de fininho enquanto minhas irmãs esperavam no quarto ao lado. Eu, logicamente, comecei a espezinhar Sloane por reservar um quarto num hotel que fornecia aquele tipo de serviço: — Isso, sim, é que é doentio — disse a ela.

Os cinco dias seguintes no Cabo não passaram sem uma piadinha infame cada vez que alguém com menos de um metro e meio passava por nós, algo que no México é bastante frequente.

— Chelsea — diria Sloane vezes seguidas, enquanto estávamos deitadas à beira da piscina —, você realmente atingiu seu nível mais baixo.

— Literalmente — acrescentava Sidney. Daí, as duas explodiam numa risada histérica, a qual era seguida por bufadas de nojo. Ficou claro para mim, naquela viagem, que os anões são ótimos para uma festa; mas, para mim, termina por aí.

Rua da Amargura

VOCÊ JÁ SENTIU uma dor tão forte no coração que mal conseguisse respirar? Uma dor que você não desejaria nem ao seu pior inimigo; que não gostaria de transmitir a nenhuma outra pessoa, por medo de que ela não fosse capaz de suportar. É a dor de ser traído pela pessoa por quem você se apaixonou. Não é tão grave quanto a morte, mas a sensação é bastante parecida e, como pude aprender, dor é dor, não importa as feições que assuma.

Peguei Peter, meu namorado de dois anos e meio, no flagra não com uma, mas com *duas* mulheres orientais. A cena se parecia com o que imagino que deva ser a equipe da SWAT de Hong Kong. Todos pareciam muito contentes, principalmente aquela que se dependurava no ventilador de teto. Não posso afirmar que havia qualquer indício quanto ao interesse do meu ex em orientais, durante o tempo em que estivemos juntos; mas, quando você rompe com alguém e reflete sobre o tempo que passaram juntos, todos os sinais de alerta que você optou por ignorar vão gradualmente se tornando mais óbvios. Por exemplo, eu costumava achar que ele simplesmente gostava de sexo selvagem quando puxava fortemente meu cabelo na cama; só depois é que fui perceber que ele devia estar tentando fazer meus olhos ficarem puxados.

Peter sempre teve uma inclinação por *ménage à trois*. Ele havia implorado várias vezes, com seu sotaque cockney britânico irritante, para que eu considerasse seriamente fazermos um. (Seu sotaque só se tornou irritante depois que o peguei na cama com as gêmeas Xing Ling. Antes disso, era absurdamente charmoso.)

— Vamos experimentar! Vamos experimentar!, tenho certeza de que você vai gostar. Está super na moda na Europa — ele vivia repetindo. Esse argumento poderia até ser convincente, se também não se aplicasse ao David Hasselhoff.

Depois que o descobri em seu *ménage à trois*, passei as duas semanas seguintes de cama com um sério cotovelo vaginal. É uma inflamação não muito diferente daquela conhecida como cotovelo de tenista, só que é causada pela masturbação. Minha amiga Lydia me ligou, pela vigésima vez, tentando me convencer a sair.

— Não posso — eu disse. — Dei um mau jeito nas costas me masturbando.

— Que nojo! — ela disse. — Como diabos você conseguiu fazer isso?

— Ah, faça-me o favor, santinha do pau oco. Como se você nunca tivesse se pegado por trás!

Estava claro para nós duas que eu precisava de uma noite de diversão e, possivelmente, de uma trepadinha. Não há nada que desequilibre tanto você quanto a primeira transa casual depois de um rompimento, e eu simplesmente precisava resolver logo essa questão.

Lydia era aquele tipo de amiga a quem as pessoas sempre se referem como baladeira: alguém sempre muito divertida para sair, mas que não tem lá muita paciência com o sofrimento alheio. Somos amigas há tantos anos que não dou muita atenção às suas falhas no departamento emocional e procuro focar nos aspectos positivos. Todas as vezes em que você sair com ela, por exemplo, ela estará cem por cento disposta a se divertir. Além disso, foi Lydia quem voltou à casa do meu ex-namorado britânico, depois que nós rompemos, para buscar minhas coisas e riscar o carro dele.

Fomos ao nosso boteco local na terça à noite. O bar se chama Renee's e deveria ser fechado pela vigilância sanitária. Isto é, se lugares públicos pudessem ser fechados por conta de clientes insalubres. Eu estava vergonhosamente malvestida. Havia colocado uma calça capri velha da Gap e uma camiseta masculina branca gola em V, com um par de chinelos Adidas. Eu não tinha direito algum de sair em público assim. Não só estava ridícula e mal-ajambrada, como minha calça estava dividindo a dita-cuja ao meio, formando um lindo capô de Fusca, e isso começou a me dar dor de cabeça.

Só havia oito caras no bar, então encontrei aquele que mais se adequava às minhas necessidades. Depois de três vodcas com limão, eu me aproximei.

Ele, definitivamente, era muito mais velho do que eu, mas ainda poderia ser considerado da minha geração. Quero pensar que tinha trinta e tantos anos, mas, para ser realista, estava mais para quarenta e poucos. As outras opções eram inaceitáveis: dois caras que não pareciam ter mais de dezoito anos, e outro cara que tinha uma dúzia de tatuagens em um lado do rosto. Não gosto de discriminar, mas prefiro homens sem maquiagem. O único outro homem que não estava acompanhado por uma garota sussurrava para si mesmo e ria sozinho.

Ou eu iria para casa com o cara mais velho ou comigo mesma. Optei por ir com ele. Pude ver que seria um erro logo de cara. Conforme me aproximei, ele inclinou a cabeça para trás e me deu aquela olhada boba que os homens dão querendo dizer: "Tá gostando do que tá vendo, né?".

Prefiro o tipo silencioso e forte. Um pouco de mistério, talvez. Eu falo pra caramba e prefiro homens que não falem. Esse cara ficava dando risadinhas afetadas feito uma colegial e me dizendo como eu era sexy. Existem ocasiões em que realmente sou sexy, mas aquela, definitivamente, não era uma delas.

Lydia se aproximou e me olhou como se eu estivesse sentada ao lado de um unicórnio.

— Que foi? — perguntei a ela.

— Ele é asqueroso — ela disse.

Ela tinha razão. Ele era bastante asqueroso mesmo. Não que fosse feio. Era a sua personalidade: agitado e ansioso demais. Era como se alguém o tivesse soltado do hospício só por aquela noite e ele estivesse experimentando a vida da cidade grande pela primeira vez. Ele agia como se eu fosse a Cindy Crawford e ele nunca tivesse transado na vida.

Achei que não fosse conseguir fazer aquilo. Pedi uma dose dupla. Ele me sorriu de um jeito que suponho que achasse

RUA DA AMARGURA

encantador e disse: — Sabe, você não precisa beber para ser uma companhia mais divertida. — Eu quis dizer a ele que estava bebendo para que *ele* fosse uma companhia mais divertida.

Quando terminei minha bebida, perguntei a ele se queria sair dali e ir para sua casa. Sua euforia foi repugnante. Ele me disse que estava num Jeep Cherokee branco e eu disse que o seguiria. Eu dirigia um Toyota Echo nessa época, um carro bastante ridículo. É tão pequeno que você nem precisa dar ré; é só pegar com a mão e girar.

Antes de sairmos, eu disse a ele que precisávamos parar numa loja de conveniência para comprar um sanduíche. Não tinha comido nada consiste em duas semanas e o álcool estava despertando meu desejo por alguma coisa com queijo.

Corri para a loja de conveniência enquanto ele esperava em seu carro. Peguei um sanduíche de peru do refrigerador e o maior saco de Doritos que eles vendiam. Entrei novamente no meu carro e comecei a devorar meus Doritos e o sanduíche como um animal selvagem. Era como se eu estivesse punindo aquele cara por estar tão disposto. Será que eu precisava realmente ter comprado Doritos, uma comida que deixa a boca da gente cheirando a lata de lixo? Fico surpresa por não ter pego logo um tablete de queijo cheddar com jalapeños e engolido tudo de uma vez. Era como se eu o estivesse desafiando a desistir.

Fomos para o apartamento dele, que se parecia muito com sua personalidade. Um monte de coisas ocupando espaço, mas nada que realmente encantasse. Era como se ele tivesse comprado um monte de peças na IKEA e, depois, decidido envernizá-las novamente em casa. Tudo era limpo e organiza-do, mas não havia nada que você pessoalmente desejasse.

Sentei em seu sofá de couro sintético negro e comecei a preparar uma refeição para mim mesma. Ele colocou um CD do Lou Rawls e foi ao banheiro por alguns minutos além do normal. Talvez estivesse colocando o diafragma. Nesse ponto, eu já considerava a possibilidade de ir embora, mas estava me divertindo muito com meus salgadinhos e meu sanduíche. Além disso, tentava concluir quem era o maior perdedor, o cara ou eu, por estar no apartamento dele.

Mais alguns minutos se passaram e, então, ouvi alguém assobiar. Tive que deduzir que era ele, porque minha boca estava cheia. Então, a porta do banheiro se abriu e ele saiu.

Olha, já vi caras fazerem coisas loucas nos filmes, mas nunca na vida real. Ele estava completamente nu, à exceção de uma coleira, um capacete de couro e um coldre de couro negro. Havia um par de algemas em volta de seus tornozelos, mas não estavam conectadas, e ele segurava uma lanterna.

Eu não fazia ideia do que pensar a respeito daquilo. Depois de encará-lo por trinta segundos com a boca cheia, consegui perguntar: — Para que é a lanterna?

O sorriso no rosto dele me fez cogitar se ele não seria um assassino em série.

Ele começou a brincar com o bilau. Estava na hora de eu largar o sanduíche.

— Quero que você bata em mim — ele pediu, com um sorriso horrível.

RUA DA AMARGURA

Eu não queria parecer assustada, então acompanhei a brincadeira: — Adoro bater em caras — disse a ele. Eu não conseguia decidir se ele era maluco ou simplesmente imbecil. Decidi que ele não se adequava ao perfil de assassino em série: era extrovertido demais.

Eu não iria dormir com aquele idiota. *Ninguém* deveria ter que dormir com aquele cara.

Ele se aproximou do sofá e sentou na parte que não estava ocupada com comida.

— Adoro beijos — ele sussurrou, inclinando-se para dar início ao jogo.

Segurei o peito dele, afastando-o com a mão. Deveria ter usado meu sanduíche para bloqueá-lo. Eu estava tentando me lembrar se minha câmera fotográfica estava no carro. Tirar fotos suas renderia divertimento por anos a fio, mas isso implicava ter que passar mais tempo com ele.

— Espere — eu disse, com minha voz mais sedutora. — Tenho uma coisa no carro que acho que vai te deixar maluco.

Ele ficou animado: — O que é? — perguntou.

— Ah, você vai adorar.

— Como você sabe se eu já não tenho? — ele arrulhou.

— Ah, acredite, isso você não tem — eu disse.

— Está bem, gostosa, vai buscar para o papai.

Aquilo estava ficando bom. Adorei o fato de ele se referir a si mesmo como papai. Meu pai acharia aquilo o máximo.

Peguei todas as minhas coisas, inclusive o que restava do meu sanduíche e do saco de Doritos. Ele me perguntou por que eu estava levando a comida e respondi que fazia parte da surpresa.

Imediatamente antes de me levantar do sofá, eu me virei e lhe dei um belo tapa no rosto. Não podia perder a oportunidade de bater naquele cara. As narinas dele se alargaram e o sorriso ficou tão grande que pensei que sua cabeça fosse se dividir ao meio. Dei mais um tapa, só para dar sorte.

Fui rebolando até a porta sem romper o contato visual, saí e fui até meu carro. Então entrei, dei a partida e virei a cabeça bem a tempo de vê-lo parado à porta, nu em pelo em seu modelito, com o sacolé balançando à frente.

Abaixei o vidro da minha janela e dei um tchauzinho. Ele acenou de volta e, então, parou e pareceu confuso.

Se eu acreditasse na teoria do "fundo do poço", aquele bem que poderia ser o meu. Mas, a bem da verdade, não acredito nisso. Fundo do poço é para os fracotes, e eu já cheguei ao fundo do poço várias vezes. Já acordei ao lado de um bode, minha gente. Não devemos desistir assim tão facilmente!

O resultado de ir para casa com alguém só para me vingar de um namorado acabou em profunda decepção para mim. Aquele, claramente, não era o cara ideal para mim nem para qualquer outro ser humano. E, às vezes, dar uma volta na montanha-russa das emoções, em vez de tentar fugir dela, é o que ajuda a dor a desaparecer mais rapidamente. Ainda que as coisas sejam difíceis e você esteja sofrendo de uma tristeza horrível, é importante dirigir toda sua raiva a um vibrador, não a outra pessoa.

Freada de Bicicleta

EU ESTAVA NUM barzinho em Brentwood chamado El Dorado com Lydia. Uma das razões pelas quais gosto tanto de Lydia é que ela é fácil. No minuto em que uma taça de chardonnay barato atinge seus lábios injetados de colágeno, ela está a segundos de abrir as pernas. Somos uma equipe e tanto.

Ela também é a pessoa que, certa vez, fez com que eu me sentasse para me contar que havia se unido a um clube chamado Dependentes de Sexo Anônimos e, em resposta às minhas risadas, disse: — Chelsea, isso é muito sério. É sobre ser viciado em fazer sexo com estranhos.

— Isso não é simplesmente ser uma vagabunda? — perguntei a ela.

Ela foi a algumas reuniões e, então, desistiu, quando percebeu que nenhum tipo de promiscuidade seria curado por cinquenta outras pessoas tentando transar com ela.

No El Dorado nos encontramos com dois carinhas bonitos que havíamos conhecido alguns meses antes, quando Lydia foi para casa com um dos amigos deles. Ela e o cara nunca mais se falaram, um caso autêntico de transa de uma noite só. Aparentemente, como o sonho de Lydia de participar de uma orgia com um time inteiro de futebol americano nunca se realizou, ela queria pelo menos frequentar o mesmo círculo de caras. Então, caso alguém estivesse filmando essas transas, poderia editá-las todas juntas como se fosse uma orgia de verdade. Está vendo só? Os sonhos podem se tornar realidade.

O mais importante era que o amigo deles, Gavin, era um gato. Lindo. Com aquela carinha que ninguém poderia desprezar. Ele tinha quase um metro e oitenta, magro, mas musculoso, com cabelo preto e olhos azul-claros. Era lindo como o Ricky Martin, mas sem o andar saltitante. Ele era meio reservado e eu farejei um desafio.

Como eu não havia transado com ninguém que eles conhecessem (ou pelo menos que eles soubessem), fui considerada uma garota doce, ingênua e "boazinha". Assumi meu papel com convicção. Falei sobre a escola exclusivamente feminina que nunca frequentei, sobre o Exército de Paz na Guatemala que me ensinou tanto e de como, se eu soubesse mexer corretamente os pauzinhos, um dia poderia me tornar a chefe da Cruz Vermelha Americana. Foi uma representação digna do Oscar. Em determinado ponto, esse cara me perguntou se eu era cristã. Assenti piamente e disse a ele que, embora não concordasse com Jesus em absolutamente tudo (tipo não fazer sexo na primeira noite), eu acreditava que devíamos levar uma vida baseada na moral e nos bons costumes.

FREADA DE BICICLETA

Pedi licença e fui socializar um pouco, principalmente porque estava com gases e não queria soltar um pum na frente de Gavin, mas também porque não queria que ele pensasse que eu já estava no papo. Minutos depois, voltei e continuei a chateá-lo com uma conversa sobre minha vida fictícia cheia de sonhos, esperanças e ambições nobres. Contei a ele como o ano em que eu havia trabalhado como voluntária no *Boys and Girls Club* de Santa Monica havia realmente me ajudado a entrar em contato com a juventude urbana. O "futuro de amanhã", esse foi o termo que usei. Eu não conseguia parar de mentir, inventando uma história ridícula após a outra. Estava me esbaldando.

— Que cheiro é este? — ele perguntou, enrugando o rosto de nojo.

Meu peido havia ricocheteado e voltado para mim.

— Blargh, que nojo, alguém com certeza peidou. Que coisa asquerosa! As pessoas não têm educação mesmo — eu disse a ele, balançando a cabeça.

Então, fiquei um pouco mais criativa. Transformei meu pai num cubano com um sotaque indecifrável, que não sabia ler nem escrever. Confessei a Gavin como tinha sido difícil crescer com um pai que havia viajado para os Estados Unidos navegando numa câmara de ar, e que todas as outras crianças me chamavam de Elián Gonzáles. Foi aí que Gavin começou a desconfiar, considerando que Elián Gonzáles só havia ficado famoso na semana anterior e eu estava falando de coisas ocorridas vinte e cinco anos atrás.

Meus gases estavam realmente atacados, então decidi tirar o time de campo, ir ao banheiro e dar uma cagada. Cara, como eu caguei. Fiz uma anotação mental de nunca mais comer comida mexicana nos fins de semana e voltei para encontrar Lydia se agarrando com o amigo de Gavin.

Ela me pegou pelo cabelo e sussurrou, ou pelo menos tentou: — Nós vamos para casa com esses caras.

Rapidamente eu a puxei para um lado e contei sobre a minha incrível façanha no banheiro e que, devido à falta de bidê e papel higiênico, eu provavelmente deveria ir para casa e limpar a bunda. Ela me lembrou que havia sido minha parceira em mais de uma ocasião e que uma boa amiga sempre nos ajuda a conseguir uma transa. Por que nós duas precisávamos transar na mesma noite eu não sei, mas eu estava interessada em ver Gavin sem camisa, então não foi preciso muito para me convencer. Gavin parecia o tipo de pessoa que teria sabonete em casa, então me consolei pensando que, em algum momento, minha bunda receberia os devidos cuidados.

Fomos para a casa de Gavin e corri imediatamente para o banheiro. Eu me lavei com sabonete, mas não achei certo me enxugar com uma de suas toalhas, então, em vez disso, optei por papel higiênico. Grande erro. Eu tinha usado água demais para me lavar e o papel higiênico basicamente se desmanchou no meu traseiro e ficou grudado lá.

Mas o erro mesmo acabou sendo o Gavin. Ele tinha a bunda reta. Uma das coisas mais brochantes que eu já vi. Prefiro ter alguma coisa em que me segurar. Os caras até podem ser magricelas, mas o traseiro é uma coisa especial para mim. A bunda do Gavin não era simplesmente chata; era uma verdadeira panqueca. Uma pá, se você preferir.

Que desastre! O sexo foi ok, mas por alguma razão eu perdi o interesse... ou a consciência. Seja como for. Acordei com uma luz ofuscante iluminando o quarto às sete da manhã. O cara não tinha sequer persianas nas janelas. Aquele lugar estava se transformando numa espécie de câmara de tortura.

Pulei por cima dele para me vestir e dar o fora e, então, lá estava ela, no pé da cama: minha calcinha. Com uma marca gigante de freada de bicicleta bem no meio.

Imediatamente, olhei para ver se Gavin estava acordado e, quando vi que não estava, me atirei sobre a prova do crime. Agarrei minha calcinha e fiz uma coisa que ainda não sei ao certo se entendo. Atirei-a pela janela, no quintal da casa dele.

Recolhi o resto das minhas roupas e corri para o banheiro. Enquanto me vestia, tentei encaixar os acontecimentos da noite anterior para tentar descobrir se Gavin teria visto minha mancha. Não conseguia me lembrar do exato momento em que minhas roupas de baixo haviam sido tiradas. Só o que podia me lembrar eram flashes de nós dois rolando na (e em determinado ponto caindo da) cama. Comecei a pensar em diferentes nomes que eu pudesse adotar, outras cidades nas quais pudesse morar.

A porta estava parcialmente aberta e escutei passos vindos do outro quarto, na minha direção. Enfiei a cabeça pelo vão da porta.

Lydia vinha pelo corredor naquela claridade tremenda, vestida com nada além de meias pretas sociais de lã masculinas. Até os joelhos. Uma série de pensamentos passou pela minha cabeça: será que Gavin e seu amigo moravam com o avô deles? Será que Lydia havia feito um *ménage à trois* com o avô deles? Será que ela tinha um dedo a mais no pé, que estava tentando esconder?

Havia rímel escorrendo por suas duas bochechas, e seu cabelo estava um horror. Parecia uma prostituta de rua. Ela explicou as meias dizendo que fazia dois meses que não ia a um pedicure e que seus pés estavam começando a lembrar algo saído do *Jurassic Park*. Então, ouvimos um cão latindo no quintal.

— De quem é este cachorro? — perguntou Lydia.

O latido da fera canina foi ficando cada vez mais alto. Escutei um gemido alto vindo do quarto de Gavin. Aquilo significava que o contato seria inevitável.

Lydia voltou silenciosamente a seu quarto, enquanto isso eu acabei de vestir minha roupa da noite anterior e corri até a porta de Lydia gritando alguma coisa sobre o chá de bebê da minha tia.

— Lydia! Lydia! Eu tinha me esquecido! O chá de bebê da minha tia é hoje cedo. Estou atrasada.

As trompas da minha tia haviam sido ligadas uns cinco anos antes daquela noite, mas eu sempre fui boa nos momentos de aperto. Isto é, até que vi o cão correndo na minha direção com a minha calcinha na boca.

Gavin me agarrou por trás e começou a passar o nariz no meu pescoço enquanto eu fiquei paralisada de horror, olhando o rex se aproximar. Só esperava que pelo menos a parte suja da minha calcinha tivesse sido comida. Por favor, Jesus, por favor!

FREADA DE BICICLETA

— Ah, merda, a sua calcinha! — exclamou Gavin. Ali estava. Ou eu teria que abrir o jogo, ou virar completamente a mesa.

Então, menti.

— Claro que não, seu idiota, a minha eu estou vestindo. — Antes que ele pudesse conferir, reuni umas lágrimas nos olhos e corri de volta para o quarto, valendo-me de meus dotes de atriz.

— Ah, já entendi, seu garanhão — solucei. — Você simplesmente traz uma garota após outra para a sua casa toda vez que sente vontade, é isso? E depois você coleciona suas calcinhas? Será que devo tirar a minha e deixá-la aqui para sua coleção também? Você iria gostar disso, hein?

Eu não queria perder o impulso, então não esperei pela resposta dele.

— Confiei em você! Eu era virgem até um mês atrás! E pensei que tivéssemos uma conexão de verdade. Vossa senhoria é realmente uma peça rara!

— Olha, não tenho nem ideia de a quem pertence aquela calcinha. Nunca a vi antes. Sinceramente, pensei que fosse sua.

Então, o Cujo entrou no quarto mastigando os restos da minha calcinha. Achei que estivesse salva. Então, vi um pedaço manchado da calcinha pendurado na mandíbula dele.

A cara de nojo de Gavin foi humilhante: — Blargh! — foi tudo que ouvi enquanto saía.

Entrei no carro e bati a porta. Conforme estava partindo, vi Lydia sair correndo pela porta da frente só de camisa e com as meias do vovô. Eu esperava que ela tivesse mantido um pouco da minha dignidade, mas parecia que não. Segurando o jeans e os sapatos, ela gritou: — Espere por mim!

Diminuí a velocidade do carro para que ela entrasse, mas me recusei a parar por completo. Ela bateu a cabeça na porta ao fechá-la: — Qual é o seu problema, porra? — ela gritou.

Contei-lhe a história e logo o rímel que escorria por seu rosto já não estava mais seco. Nós duas estávamos com fome e decidimos que qualquer lugar público estaria fora de cogitação. Portanto, optamos pelo McDonald's e, ao estacionarmos, vimos um cartaz dizendo: "O McRib está de volta!".

— De volta de *onde?* — perguntei.

— Sei lá, mas é melhor você não comer — disse Lydia.

Passei várias noites em claro para superar a humilhação do que havia acontecido. Onde foi que eu errei na vida? Pensei comigo mesma uma e outra vez. Eu ficava deitada pensando quantas calcinhas uma mexicana deve usar por ano. Depois que a mortificação inicial passou, percebi que, assim como tantas coisas na vida, aquilo era uma bênção. Eu não teria que aprender duas vezes que era melhor evitar comida mexicana nos fins de semana. E quem sabe quantas garotas ajudei ao compartilhar minha história?

TROVÃO

UMA DAS MINHAS amigas iria se casar. Aquilo já estava se tornando um padrão irritante. Sarah era minha terceira amiga a ficar noiva nos últimos seis meses, e estava ficando claro para mim que cada vez mais gente ia por aquele caminho. Não tenho problema algum com o conceito de casamento. Também quero me casar. Mais de uma vez. É a cerimônia em si que me irrita.

O problema é que todos aqueles que se casam parecem achar que são as primeiras pessoas no universo inteiro a fazer isso, e o ano que antecede o evento gira completamente em torno deles. Você tem que organizar despedidas de solteiro, fins de semana de solteiras, comprar um vestido de dama de honra e depois comprar uma passagem aérea para uma cidade abandonada qualquer para onde eles decidam te arrastar. Se você for realmente azarado, eles vão te pedir para recitar um poema no casamento. Isso é exatamente o que quero fazer: monitorar minha ingestão de álcool até ter feito meu anúncio de utilidade pública. E o que é que a gente ganha com isso, você pergunta? Um pedaço de frango estorricado e um rala-e-rola com um primo caipira dos noivos. Isso, eu tenho em casa, obrigada.

Daí eles têm a audácia de ir fazer compras e *escolher os próprios presentes*. Gostaria de saber quem foi a primeira pessoa a dizer que isso estava certo. Depois de gastar aquela fortuna no fim de semana das solteiras, no chá de panela e, geralmente, voar até o outro lado do país, eles esperam que você vá à loja Williams Sonoma ou à Pottery Barn e faça pesquisa? E aí eles te mandam um cartão de agradecimento elogiando o presente tão bem escolhido. Foram eles que escolheram! Sempre fico com vontade de lembrar à pessoa que não foi necessário fazer esforço algum para escrever um nome no cartão e mandar entregar uma saladeira.

Prefiro dar dinheiro. Quando eu me casar, vou fazer a lista de casamento no Bank of America. Nas duas vezes. Sou judia. Não brinco com dinheiro.

E não termina depois da cerimônia. A seguir, eles querem que você vá à casa deles e assista ao vídeo do casamento. Como se eu quisesse ver uma imagem minha desmaiada em cima do bolo.

Um casamento pode de fato estragar uma boa amizade. Quando as pessoas se casam, acham que têm respostas para tudo nesta vida. Automaticamente, acham que todos os seus amigos solteiros são infelizes e patéticos.

— Ah, por que você não vem aqui em casa na sexta-feira? Vamos convidar um grupo de pessoas e jogar cartas, dados,

TROVÃO

mímica. Quem sabe você não conhece alguém legal? — Uau, que máximo! Minha resposta é sempre a padrão: — A não ser que seja para jogar "Quem está escondendo o ecstasy?", acho que não vai dar para eu ir. Já tenho compromissos. — Será que as pessoas casadas não sabem que a última coisa que um solteiro quer numa sexta à noite é jogar Yahtzee, um jogo idiota de dados? Prefeririam tomar um banho de espuma com meu pai.

Então, houve a despedida de solteira de Sarah. Las Vegas e eu temos uma relação especial. Nunca decepcionamos uma à outra. O Olympic Gardens é anunciado como o melhor clube de strip-tease em Vegas, e não é à toa. Fomos em um grupo de oito, logo na primeira noite, e jamais me esquecerei da nossa cara quando vimos o homem. Eles anunciaram o nome dele, "TROVÃO", e eu pensei: "Excelente".

TROVÃO era lindo. Não era do tipo pôster da revista *Playgirl* com cabelo comprido e gravata-borboleta, que rivalizaria com aquele modelo, o Fabio, na competição de "Quem é Mais Brutamontes?". Aquele cara era lindo, ao estilo Dylan McDermott, com uma bunda que poderia ser usada como prateleira; de longe, o corpo mais bonito em que qualquer uma de nós já havia posto os olhos.

Todas as garotas estavam babando e se inscrevendo para uma dança particular com ele no palco. Logo ficou claro o que teria que ser feito. Eu teria que me sacrificar pelo grupo.

Nunca tinha visto todas as minhas amigas enlouquecidas pelo mesmo cara. A maioria já estava num relacionamento, e duas já eram casadas. Cada uma de nós estava tendo a própria fantasia do que poderia ser feito com um corpo daqueles e eu sabia que teria que ser eu a agir. Pelo canto do olho, vi Lydia e Ivory começarem a babar e disse a elas para se afastarem: — Ele é meu.

Fora isso, eu não tinha muita concorrência, a não ser todas as outras garotas no clube. Bem, elas podiam tê-lo também; eu só queria uma parte da ação. Uma das minhas amigas me comprou uma dança com ele e fui chamada ao palco. Olha, eu não sou uma grande fã de clubes de striptease, para início de conversa. Gosto de um pouco de mistério, e faz parte da minha crença pessoal que os homens são mais bonitos de roupa. Eu estava errada. Tive minha dança — e a bunda dele na minha cara —, mas consegui manter a calma. Ele tinha o rosto mais lindo que eu já tinha visto na vida. Olhos azul-bebê, cabelo escuro e o sorriso mais fofo daquele lado de Las Vegas Strip.

Enquanto ele dançava ao meu redor no palco, perguntou onde eu morava e eu respondi a ele que era em Los Angeles. Ele disse que também vivia lá e que ia a Vegas de carro todos os fins de semana só para trabalhar. Um striper viajante. Isso que é dedicação à arte. Escrevi meu telefone num pedaço de papel e me despedi dele. Meu trabalho ali estava feito.

As meninas me fizeram prometer que eu sairia com ele.

— Sair com ele? Eu não vou *a lugar algum* com ele. Vou até ele e vou devorá-lo.

Imediatamente comecei a me perguntar quantos quilos eu teria que perder para ser aceitável para um striper. Ele só via outras stripers de corpo perfeito. Talvez eu apenas precisasse enrijecer um pouco. Esses pensamentos dominaram minha cabeça nos próximos minutos até que encontrei a limusine e o frigobar.

TROVÃO

TROVÃO me telefonou na semana seguinte. Ele tentou me dizer seu nome verdadeiro, mas rapidamente eu o interrompi: — Eu gosto de TROVÃO. Vamos ficar com esse nome, por enquanto.

— Tudo bem, então, mas ninguém me chama assim — respondeu com sua voz rouca. Aquele cara já estava me dando detalhes demais.

— Mesmo assim — eu disse. — Como foi sua volta de Vegas? — Eu tinha que fingir interesse em toda aquela baboseira, até que pudesse lhe perguntar quando poderia ir à sua casa e sentar na cara dele. Não disse isso em voz alta, claro. Nunca digo as coisas que realmente quero dizer. Se fizesse isso, não teria amigo algum.

— Posso te levar para jantar? — ele perguntou.

— Que tal só tomarmos uns drinques? — respondi. Eu só queria o endereço dele, mas não queria assustá-lo.

Encontramo-nos no Lava Lounge. Eu me assegurei de que fosse um local perto da casa dele. Disse que não queria que ele dirigisse muito depois de ter vindo de Las Vegas de carro.

Ele apareceu com uma camisa de flanela e jeans. Nada muito revelador, meio tipo lenhador. Meio tipo num calendário masculino. Olhei fixamente para a camisa de flanela dele e me perguntei se era de um material que eu poderia rasgar com as mãos. Decidi que seria uma transa bem selvagem.

Enquanto tomava algumas vodcas com limão, perguntei-lhe coisas sobre sua vida e sobre o que ele planejava fazer.

— Bem, acabei de fazer trinta e sete anos — aquilo foi um choque, ele não parecia ter mais de vinte e nove —, e agora quero começar a me concentrar na carreira de ator ~~ Ah meu Deus. Olhei em volta para ver se mais alguém o havia escutado.

— Ator? — perguntei, tentando parecer intrigada. ~~ Uau, isso é tão... Você tem uma ótima aparência, tenho certeza de que não será difícil.

Quem em sã consciência decide começar uma carreira de ator à tenra idade de trinta e sete? Talvez uma carreira em levantamento de peso, mas não como ator. Será que esse cara está falando sério? Com que ele vinha perdendo tempo até agora, então? Bem, fazendo strip-tease, acho. Dizem que é difícil largar esse tanto de dinheiro. TROVÃO me disse que ganhava em torno de três a quatro mil dólares por fim de semana, o que, comparado com meus US$311 por semana de seguro-desemprego, parecia uma renda bastante generosa. Mas nem pensar em levar aquele cara ao casamento da Sarah. Iriam falar para sempre. Simplesmente eu sorri e pensei: "Continue, gostosão."

— Então você é comediante — ele disse. ~~ Me conte alguma coisa engraçada.

— Ok, a melhor coisa de ser alcoólatra é que, quando você fica entediado numa festa, pode ir embora sem se despedir e todos vão achar que você apagou.

— Você é alcoólatra? — ele me perguntou.

— Não é disso que se trata — respondi. — E não gosto da palavra "alcoólatra". Gosto de pensar que sou uma bebedora de nível avançado.

TROVÃO

— Estou confuso — ele disse. Era bastante óbvio que TROVÃO passava grande parte de seu tempo confuso, portanto voltei a focar a conversa em sua carreira.

Existe um limite para a quantidade de conversa de ator que uma pessoa pode aguentar, e eu tinha chegado ao meu. Precisávamos acabar com aquele papo-furado imediatamente. Pedi licença para ir ao banheiro, esperando que isso desse tempo de ele terminar sua cerveja e que pudéssemos passar à ação. No banheiro, encontrei duas garotas que estavam tirando sarro de um cara com quem uma delas estava conversando. Aparentemente, ele tinha a língua bastante presa. Eu disse a elas que aquilo não era nada; que, se elas realmente quisessem ver uma coisa engraçada, deveriam ir escutar TROVÃO falar por um minuto: — Nem tenho certeza de que esse cara saiba ler — eu disse e relatei a elas a história de como havíamos nos conhecido.

Elas ficaram animadas com a ideia de conhecê-lo, e nós três voltamos juntas para a mesa.

Fiz as apresentações, explicando a TROVÃO que havia encontrado umas amigas. Elas olharam uma para a outra e riram. Estava claro que estavam encantadas com a beleza dele. Quem não ficaria? Então, uma das garotas sussurrou para mim: — Ele fala?

Eu disse: — Claro que ele fala, não é um chimpanzé.

— Faça uma pergunta a ele — ela insistiu.

"Isso é cruel demais", pensei: — O que eu deveria perguntar? — disse, com os dentes trincados.

— Pergunte como se soletra alguma coisa — ela retrucou.

Aquilo já era demais. Comecei a me sentir mal por maltratar TROVÃO. Lembranças de ser perseguida na escola por meninas mais velhas inundaram minha consciência. Eu nunca quisera ser má daquele jeito com alguém, e agora estava agindo do mesmo modo. Possivelmente pior, já que eu era tecnicamente uma adulta e deveria saber mais sobre a vida. E, em certo ponto, ele iria perceber. Era meio lerdo, mas não estava com morte cerebral.

Portanto, nós nos despedimos e voamos para a casa dele. Eu disse que queria ver as fotografias do seu book.

Vinte minutos mais tarde, estou suspensa no ar e sendo arremessada para cima e para baixo. Aquele cara não era tão burro, afinal. Ele sabia muito bem como lidar com uma mulher. Era uma coisa doida, selvagem. Eu não me cansava dele. Ele me girava de vários lados em várias posições. Sua pele era muito macia, e ele tinha umas costas às quais uma mulher poderia se agarrar até o fim do mundo. Seus braços eram puro músculo e ele tinha uma bunda linda, perfeita. É claro que eu tinha visto tudo aquilo antes, quando ele estava no palco, mas agora estava vivendo a fantasia de toda garota e de todo cara gay. Lábios macios, também. Lábios realmente macios. Adoro homens.

Existe algo verdadeiramente maravilhoso em um homem que sabe como pegar uma mulher. Achei que talvez fosse amor. Até dormi lá. Sabia que iria querer mais pela manhã. Quem se importa se ele não sabe multiplicar? Aquele cara era um tipo de sinal de Deus.

TROVÃO

TROVÃO e eu começamos a nos ver com frequência. Adotamos um padrão de pular as formalidades de bebermos juntos e eu simplesmente ia para a casa dele. O sexo era incrível todas as vezes. Eu até mesmo gostava de dormir a seu lado. Era como dormir ao lado de um rinoceronte. O corpo dele era tão grande que eu me sentia pequena perto dele. Queria exibi-lo para as minhas amigas, mas preferia que ele não falasse. Estava bastante dividida.

Liguei para ele num domingo, quando ele voltava de Vegas. Não pareceu feliz em me ouvir. Senti que alguma coisa estava errada e que eu ficaria no zero a zero naquela noite. Ele disse que estava exausto por causa da viagem e que não sabia se estava disposto para uma das minhas visitas. Quê? Cansado demais? Eu entendia que nosso número do Cirque du Soleil exigia certo vigor, mas achava que valia muito a pena. Então, ele me confessou. Havia conhecido outra pessoa com quem achava que queria um relacionamento sério.

— Uma garota? — perguntei.

— Sim — ele disse. —Você é uma garota incrível e nos divertimos muito ultimamente, mas acho que nós dois sabemos que não é algo que irá muito longe. Simplesmente não me vejo num relacionamento sério com você.

Ah, meu Deus! Eu não podia acreditar que estava levando um fora do TROVÃO. Não podia acreditar que estava levando um fora de alguém cujo nome verdadeiro eu nem sabia. Meu tempo no paraíso havia terminado e eu estava ouvindo que não era o tipo de garota para se casar da boca de alguém que tirava a roupa para viver. Seria porque eu não era suficientemente flexível? Suficientemente séria? Nós nos víamos pelo menos duas vezes por semana. Como poderia ficar mais sério do que isso?

—Você está aí? — ele perguntou.

—Tô.

— Sinto muito.

—Tudo bem. Eu entendo — menti. — Então, existe alguma possibilidade de a gente ainda se ver hoje? — perguntei.

Silêncio.

—Adeus, Chelsea. Te desejo tudo de bom. — Ele desligou. Bem, para o alto e avante. Não que eu nunca tivesse levado um fora antes, mas aquela foi a primeira vez que ouvi minha periquita chorar um pouco. Isso é que é tristeza. Ela passou dias sem sair de casa.

# Bilauzinho

UM PÊNIS PEQUENO em um garotinho não é nada demais. No entanto, se o garoto continua a crescer e seu pênis não, a situação fica bastante complicada. Eu me sinto péssima pelos homens com pênis pequeno. O que se espera que eles façam? Imagino que poderiam fazer aumentos penianos, mas será que as pessoas realmente fazem isso? Espero que sim.

Certa vez, tive um caso rápido de verão com um cara de pênis pequeno. Minha única desculpa é que ele era uma companhia muito divertida — e eu não tinha nem vinte anos. Eu não sabia, naquele ponto, que se podia deixar um cara na mão. O que eu definitivamente *sabia* era que não se podia falar com ele sobre seu pênis minúsculo. "A propósito, você poderia me avisar quando estiver dentro de mim?" Além disso, aquele cara chegou logo depois da minha fase com homens negros, quando eu nunca me deparava com um pênis menor que o braço de um bebê. Achei que talvez fosse o preço que eu tinha que pagar por ter voltado aos homens brancos.

Agora pule para cinco anos depois, num clube chamado 217 em Santa Monica, e um pouco de ecstasy. O 217 é uma danceteria e, para que eu pudesse ir ao 217 fazer o que todo mundo estava fazendo, eu precisava de drogas. Gosto de tomar ecstasy em pequenas quantidades, e tomá-lo novamente depois de uma ou duas horas — também em pequenas quantidades. Não gosto de ter overdoses. Podem me chamar de careta.

Estávamos todas animadas para uma noite selvagem. Ivory tinha acabado de romper com seu namorado arquiteto da Holanda. Ivory não namorava um cara sem sotaque desde o ensino médio. Lydia vinha de um rompimento terrível com um homem que a havia tratado feito lixo por quase dois anos. Eu o vira em várias ocasiões em bares, onde ele não só dava em cima das amigas dela, como lhe contava depois. Ela achou que ele talvez apenas precisasse crescer. O cara tinha trinta e cinco anos, o que, em anos de Los Angeles, equivale a vinte e cinco, e não parecia que tomaria jeito nem agora nem nunca. A pior coisa a respeito dele, no entanto, era o terrível mau hálito.

Depois de seu primeiro encontro, Lydia me ligou e disse:

— Gostei muito dele, mas ele tinha um bafo de cu. Então, fomos para a minha casa...

— Desculpe...? — interrompi.

— Então fomos para a minha casa...

— Espere aí. *Depois* que você percebeu que ele tinha mau hálito, vocês foram para a sua casa?

— Bem... — ela fez uma pausa.

— Bem, nada! — eu disse a ela. — Escute, Lydia, halitose não é o começo de um relacionamento, e sim o fim. Não é algo que você consiga *superar*. A não ser que tenha acesso a um raspador de língua que eu não saiba.

Ivory e eu começamos a chamá-lo de BC. Bafo de Cu. Muito antes do rompimento, Lydia começou a usar esse apelido também.

Ivory, a boa e velha Lydia e eu estávamos viajando em nossos três comprimidos de ecstasy. Trinta minutos depois de chegarmos ao clube, Lydia desapareceu e Ivory e eu arrasávamos na pista. Vi um gatinho me olhando do bar. Meus favoritos são homens brancos, de cabelo escuro, com sapatos legais; e ele definitivamente se encaixava na descrição. Ele provavelmente estava se perguntando quem tinha me dado o direito de dançar mas parecia achar graça. Assim como o restante dos espectadores. Saltei para o chão do meu pequeno palco de dança, e abri caminho até ele. Saiba que, se eu estiver dançando sobre uma plataforma, quaisquer inibições que eu possa ter já terão desaparecido por completo.

—Você é uma graça — balbuciei.

O nome dele era Buck. Era fácil de lembrar porque rimava com "fuck", que era exatamente o que iríamos fazer mais tarde. Ele era um pouco mais robusto do que eu geralmente gosto, mas de um jeito sexy, e tinha uma bela pele morena. Lembro que tinha uma gargalhada ótima. Adoro homens com risadas gostosas. Dançamos juntos um pouco e, então, voltamos ao bar para nos beijar.

Ver casais se agarrando em público deve ser uma das coisas de que menos gosto. Acho de fato ofensivo e, sinceramente, asqueroso. A não ser que seja eu que esteja sendo agarrada. Aí, não faço tanta objeção.

Estávamos nessa por cerca de uma hora, bebendo, fumando, nos beijando — nos babando seria uma descrição melhor. A certa altura, minhas amigas vieram, deram uma olhada na gente, e gargalharam. Como se elas estivessem acima dessa coisa de se agarrar em público. E isso vindo de Lydia, que, uma semana antes, havia acordado no chão do banheiro da casa dela.

Por volta de uma da manhã, comecei a chegar ao limite e sabia que só tinha mais algumas horas de desinibição. Pedi a Buck que me levasse para minha casa e que, daí, eu o seguiria até a casa dele. Ele também morava em Santa Monica e insistiu para que fôssemos diretamente para a casa dele, oferecendo-se para me levar para casa de manhã. Eu já havia passado por isso antes e, se existe um erro que nunca cometo, é não ter meu próprio meio de transporte. Eu nunca, sob circunstância alguma, ando de carona.

Inventei uma desculpa qualquer sobre ter uma reunião cedo na manhã seguinte — reunião para fazer sabe Deus o quê. Buck insistiu que me levaria para casa cedinho. Pronto. Eu teria que me valer de um pouco de chantagem emocional.

— Escute aqui, a não ser que eu vá com meu próprio carro, não irei à sua casa e acho que nós dois sabemos que isso te deixará muito triste. — Ele concordou comigo. Pelo canto do olho, conforme sentava no banco do motorista, vi que ele ria. Meu pobre Echo. Já havia passado por tanta coisa! O bom do Echo é que, devido ao seu tamanho, as pessoas sempre me perguntavam se era elétrico. Sempre menti e disse que sim.

Meia hora depois, chegamos à sua casa e ele entrou numa garagem subterrânea, acenando para que eu o seguisse. De jeito nenhum eu iria estacionar na garagem subterrânea dele. Achei que estivesse tentando me fazer cair numa armadilha. O cara era bom mesmo. Comecei a me perguntar se já não havia dormido com ele antes.

— Não quero estacionar aí — gritei.

— Qual é o problema? — ele gritou de volta.

— Nada, só não gosto de estacionar em garagens.

— Por que não? O que você acha que irá acontecer?

Simplesmente olhei sem expressão para ele. Nessa altura, se aquele cara tivesse um spray de pimenta, ele o teria usado em mim. Eu estava virando um pesadelo. Ele parecia exausto.

— Como é que eu vou sair da garagem amanhã de manhã? — perguntei.

— Dirigindo — ele respondeu, cansado. — Você não precisa de chave, nem nada. O portão abre sozinho.

Fiquei lá sentada, olhando para ele, estupefata.

— Há um sensor — ele explicou —, quando seu carro se aproxima. — Agora ele falava comigo como se eu tivesse onze anos. Achei aquilo sexy.

— Ok — respondi. Ele devia achar que eu ia para a escola de ônibus escolar.

Subimos até sua casa de vários andares. Era realmente linda. Contei pelo menos uns três Warhols, além de vários cristais Nambé. Gosto de homens que têm a vida organizada. Já frequentei hábitats masculinos com carpetes manchados, cachimbos de vidro fumacentos e sem papel higiênico vezes demais na vida. Ele tinha lindos assoalhos de madeira e a casa cheirava como se o Pato Purific tivesse passado a noite lá.

As outras coisas também eram de alto nível. Ele tinha um monte de equipamentos eletrônicos. Havia uma TV de plasma enorme, juntamente com todos os acessórios possíveis que podem acompanhá-la. Um monte de aço inoxidável. Descobri, depois de certa altura da vida, que o aço inoxidável é uma superfície boa para copular. E que qualquer coisa que tenha cimento pode arranhar e/ou arrancar a pele.

Ele colocou um CD do Fleetwood Mac, que eu amo, e decidi recompensá-lo com um pequeno striptease. Eu o empurrei em direção ao quarto e comecei a tirar a roupa na porta. Ele gostou da minha dança exótica. A única explicação para isso é que ele também tivesse tomado ecstasy.

Quando terminei, fui até lá e subi em cima dele só de calcinha. Tirei a sua roupa até ele ficar só de cueca. Então, coloquei a mão dentro da sua cueca.

A ideia de que ele pudesse ter um bilau pequeno nem sequer havia passado pela minha cabeça. "Pequeno" é uma palavra generosa quando você está descrevendo algo do tamanho de uma minissalsicha enlatada. Aquilo era menor que meu dedão do pé. Nem sequer era um pinto, era um pedaço extra de pele. Eu fiquei pra morrer. Tinha que dar o fora dali.

Eu é que não iria fazer caridade. Não iria transar com ele só porque me sentia mal. Eu me sentiria pior depois. Saí de cima dele e gritei: — Ah, meu Deus, ah, meu Deus!!!

— O quê? — ele disse. — O que foi?

— Meu carro — gritei. — Esqueci por que é que tinha que deixá-lo na rua.

— Por quê?

— Porque Ivory tem que vir pegá-lo. Ela está hospedada na minha casa.

— Quê? De que você está falando?

— Ivory, ela não tem carro. Ela precisa pegar o meu. Eu esqueci completamente. É por isso que tenho que estacioná-lo na rua.

— Ivory, a garota que você acabou de deixar no clube? Como diabos ela vai saber onde seu carro está? ele perguntou.

— Ele tem um localizador.

Silêncio.

— Um localizador? — ele perguntou. — Como um pombo-correio?

— Sim! — respondi. — Exatamente como um pombo-correio, e ela não vai conseguir detectá-lo se estiver no estacionamento subterrâneo. Eu já volto.

Antes que ele pudesse dizer alguma coisa, juntei minhas tralhas e fui. Dei o fora.

Assim como ele dissera, o portão da garagem se abriu assim que eu e o Echo nos aproximamos. Eu e meu Echo iríamos para casa. Eu não precisava aprender a lição do pinto pequeno duas vezes. Já estava na hora de arrumar um tripé.

Quando contei a Ivory, na manhã seguinte, como o pingolo dele era pequeno, ela disse: — Puxa, Chels, você não precisava ter largado ele lá; ele poderia ser bom em outras coisas.

—Tipo *o quê?* — perguntei a ela. — Matemática?

Não Acredite em Uma Palavra que Eu Disser

VOCÊ SABE QUE já dormiu com muita gente quando entra em sua agência bancária e vê alguém com quem transou num pôster em tamanho natural anunciando "Empréstimos para microempresas".

Tenho realmente um péssimo hábito de mentir compulsivamente quando bebo. O caso é que nunca é algo sobre o que eu precise mentir. Claro, às vezes é preciso mentir para se livrar de ir à festa de alguém; às vezes mentimos para evitar magoar alguém. Agora, mentir sobre seu pai ter inventado o correio de voz já são outros quinhentos.

Uma vez, namorei um cara durante algumas horas. Conheci esse cara num bar chamado El Dorado e consegui ganhá-lo no último minuto. Ele era uma graça e eu queria muito transar com ele. Era engraçado, inteligente e interessante; e mencionou alguma coisa sobre passar todos os fins de semana no México, em um orfanato que ele havia aberto.

Quando estávamos indo embora, ele hesitou em ir à minha casa. O cara estava se fazendo de difícil, e eu gostei disso.

Felizmente, o fingimento não durou muito, e logo estávamos indo para o meu apartamento, que ficava convenientemente ali na esquina.

O sexo foi acima da média e fiquei animadíssima porque realmente gostava daquele cara e sabia que as coisas só poderiam melhorar. Daí, na manhã seguinte, ele se vira para mim e pergunta: — Então, seu pai é mesmo dono da American Airlines?

Olhei para ele, estupefata. Levei uns trinta segundos para ligar os pontos. Então, eu me virei para não ter que olhá-lo de frente e me encolhi. Nunca mais poderia me encontrar com aquele sujeito. Ótimo, pensei. Mais um cara a quem jamais conhecerei.

— Sim — respondi, hesitante. — Por quê? Você quer ir a algum lugar? — Teria sido mais fácil nunca mais atender seus telefonemas do que admitir ser completamente insana. Precisava terminar tudo ali mesmo e, por sua vez, aprender uma lição valiosíssima: não mentir quando estiver bebendo. Uma pessoa normal teria decidido parar de mentir de vez. Decidi me restringir a mentir apenas quando estivesse sóbria.

Corte para alguns meses mais tarde, quando conheci esse cara cujo nome não consigo lembrar de jeito nenhum. Vamos chamá-lo de Mike. Houve vários Mikes, então é provável que ele seja um deles.

Eu tinha muito tempo livre porque Ivory e Lydia estavam namorando e passavam cada minuto com seus respectivos. Normalmente eu não teria me incomodado com isso, mas um mês antes, no meu vigésimo quinto aniversário, as duas disseram para todas as pessoas convidadas me presentearem com

NÃO ACREDITE EM UMA PALAVRA QUE EU DISSER

um vibrador. Ivory e Lydia estavam agindo como se nunca tivessem passado por um período de seca antes. É verdade, haviam se passado bem uns quatro meses desde um relacionamento real ou qualquer tipo de transa, mas eu estava procurando não me concentrar na margem de tempo.

Ganhar um vibrador na sua festa de aniversário é meio engraçado; ganhar doze, não. Em primeiro lugar, todo mundo simplesmente ignorou o fato de eu ter feito uma lista de presentes na loja Tom's Liquor's. Em segundo, de quantos vibradores uma garota realmente precisa? Um basta. O que eu iria fazer, dupla penetração em *mim mesma*?

Estava trabalhando num café em Pacific Palisades, na época. Às vezes, depois do trabalho, eu ia até a Starbucks da esquina e ficava lendo. Cruzei com ele algumas vezes, junto com um amigo, e flertamos de forma bem intensa. Eu estava louca para que aquilo conduzisse a uma boa pegação, mas tomava cuidado para não parecer desesperada. Aquele cara era exatamente o meu tipo. Tinha cabelo escuro e um rosto adorável, e tinha um corpo bem legal.

Ele parecia o resultado de um cruzamento entre o Tom Cruise e o Incrível Hulk. Trabalhava meio período na construção da casa de alguém, enquanto tentava fazer sucesso como ator. A coisa da atuação me incomodava, mas não chegava a ser um empecilho. Para compensar, invoquei imagens dele, um dia, dono da própria empresa de construção, usando um capacete de proteção e mandando nas pessoas. Embora fosse claro que aquele não se tornaria um relacionamento sério, eu definitivamente queria que ele tirasse vantagem de mim.

Em nosso terceiro encontro, ele finalmente perguntou se eu queria "bater um rango" com ele. Isso, na gíria da construção civil, significa jantar. Lembro que fiquei incontrolavelmente vermelha, coisa que não combina com minha personalidade. Ele ficava me dizendo que eu estava corada, o que me fazia ficar mais ainda. Os caras adoram quando você fica vermelha. Já tentei ficar de propósito, mas nunca consigo fazer isso sob pressão.

Fomos comer sushi em algum lugar em Los Feliz. Ele me disse que estava hospedado na casa de uma amiga que estava viajando. Ela o havia deixado ficar lá até que ele encontrasse um lugar.

Tomamos alguns saquês quentes e dividimos duas cervejas Sapporo grandes. Paguei a conta porque me sentia mal por ele ser um aspirante a ator. Não sei o que eu estava pensando, já que trabalhava num restaurante três manhãs por semana recebendo por fora para complementar meu seguro-desemprego de 311 dólares semanais. Além do meu vício na bebida, parece que também sofro de mania de grandeza.

Eu me convidei para ir ao apartamento dele. Ele aceitou. Segui seu Ford Pinto dourado em meu Toyota Echo. Que dois pobretões!

Fazíamos comentários idiotas enquanto olhávamos os artesanatos e as fotografias de sua amiga. Eles deviam ser muito íntimos mesmo, porque as fotos da família dele estavam por toda parte. Ele disse que ela estava fora há algum tempo, trabalhando num filme, então ele meio que havia transformado o lugar em seu. Nunca me passou pela cabeça desconfiar,

NÃO ACREDITE EM UMA PALAVRA QUE EU DISSER

provavelmente porque ele não estava concorrendo a um papel fixo na minha vagina. Eu sabia que poderia vê-lo novamente, mas que aquilo *não* iria se transformar numa relação. Tampouco passou pela minha cabeça que alguém mentisse tanto quanto eu. Se eu estivesse interessada em qualquer coisa além de penetração, o carro dele já teria me empurrado rapidinho de volta à realidade.

Fui embora logo depois do sexo porque a cama era desconfortável e eu prefiro sair descabelada e passar vergonha à noite, quando não está tão claro.

Saímos de novo mais algumas vezes e nos demos superbem. Até cheguei a dormir lá uma vez — porque havia tomado uns gins com suco a mais. A essa altura do campeonato, você já deve ter notado que eu curto uma variedade de bebidas diferentes. Nesse aspecto, posso dizer que meu fígado é flex. Não tenho favoritismos.

Em nossa última noite juntos, Mike e eu fomos jogar boliche e sofri um dos meus acidentes. Peguei uma bola que era pequena demais para os meus dedos e, ao tentar lançá-la na pista — para o que eu fantasiava ser um strike —, a bola ficou grudada na minha mão e me levou junto com ela. Dei uma cambalhota completa, rolando pela pista escorregadia de madeira e fui parar na canaleta. Todos os empregados vieram me acudir em segundos, com receio de um processo legal. Mike e eu rimos muito a respeito disso, mas eu pude ver que havia uma parte dele que tinha medo de mim.

Depois daquela noite juntos, as coisas começaram a ficar um pouco estranhas entre nós. Eu sentia que estava começando a gostar dele, que estávamos começando a parecer um casal. Fui embora e não falei com ele por alguns dias. Queria telefonar para ele, mas resisti ao desejo. Não queria me apaixonar por um operário de construção/ator/motorista de Pinto.

Finalmente, cedi e telefonei para ele uma semana depois. Ele desligou rapidamente e não me ligou de novo até o dia seguinte. Esqueça, pensei. Eu não estava interessada em ter que correr atrás de alguém. Tinha visto amigas minhas sobreviverem a relacionamentos como aquele e parecia algo muito pouco interessante, além de requerer um tempo enorme. E era um tempo perdido, que elas poderiam ter passado bebendo.

Eu nunca havia mencionado para Mike que trabalhava meio período como garçonete, então você pode imaginar minha surpresa quando, alguns dias depois, eu o vi entrar no café com uma morena maravilhosa que poderia facilmente me eliminar num concurso de biquíni. Merda!

Eram onze e meia da manhã e eu era a última garçonete que restava antes das que trabalhavam na hora do almoço chegarem. Não podia acreditar que Mike estava sentado numa mesa que eu teria que atender. A única opção era sair dali, pegar o carro e ir pra casa e nunca mais falar com qualquer pessoa do restaurante. A não ser que eu pudesse inventar um esquema que envolvesse a morte de um parente.

Meu cérebro fervia enquanto eu considerava as opções. Mesmo que um parente *tivesse* morrido, não havia motivo algum pelo qual eu não pudesse fisicamente atender a mesa até que aparecesse alguém para ficar no meu lugar. Era tudo

NÃO ACREDITE EM UMA PALAVRA QUE EU DISSER

complicado demais. Além disso, a dona do restaurante me fizera um favor enorme aceitando me pagar por fora. Então eu não poderia de jeito nenhum dar um cano nela. Pensei que talvez pudesse pedir ao ajudante de garçom que atendesse Mike, ou talvez ao cozinheiro, mas eles riram de mim quando o fiz. Eu não sabia se eles estavam rindo porque era a primeira vez que me viam frenética, ou porque não entendiam inglês e acharam que eu estivesse contando uma piada.

Eu tinha que pensar em alguma coisa. Ir até lá e me apresentar não era uma opção. Tinha que encontrar outra saída.

Então, tive uma ideia. Era simples. Eu não seria eu. Ele não sabia que eu trabalhava ali. Eu seria alguém muito parecida comigo. Eu seria minha própria irmã gêmea. Sim! Eu poderia fazer isso. Eu era capaz. Por que não? Ele não sabia nada a meu respeito. Eu *podia* ter uma irmã gêmea.

Fui até lá saltitando.

— Oi, gente — eu disse com doçura. — Posso trazer alguma bebida?

A cor imediatamente fugiu do rosto dele. Provavelmente para o meu.

— Oi — ele disse, espantado, expressando reconhecimento. Continuei repetindo o mesmo pensamento na minha cabeça. Eu não conheço este cara. Não conheço. Nunca o vi antes na vida.

— Oi — respondi. — Posso trazer alguma bebida?

Silêncio. Ele simplesmente olhava para mim. E agora *ela* estava olhando para mim também.

Eu não vou desistir do meu plano, pensei.

— Bebidas? — perguntei novamente. Vamos lá, imbecil, me acompanhe! Eu também o estava ajudando a sair de uma situação incômoda.

— Hã, sim. Vou querer café e, querida, o que você vai querer? — ele perguntou à sua pequena cabeçudinha.

— Também vou querer café, por favor — ela respondeu.

— Belezinha; volto já — eu disse, com o sorriso mais alegre do mundo. Eu havia me transformado numa garçonete graciosa e alegre, de atitude positiva. Havia acabado de usar a palavra "belezinha" numa frase.

O restante da refeição correu praticamente da mesma forma: eu agindo feito uma maluca, mas, o tempo todo, reagindo a Mike como se *ele* fosse o maluco. Toda vez que ele olhava para mim, eu simplesmente devolvia o olhar com os olhos arregalados e insanos, como se estivesse me perguntando por que aquele cara estranho não parava de me olhar. A julgar pela cor pálida esverdeada de seu rosto, ele estava começando a ficar enjoado. Era legal assumir o papel da garçonete amistosa e bem-intencionada. Nunca antes eu tinha sido tão agradável com os clientes. Era quase gratificante. Eu teria que refletir sobre aquilo melhor, mais tarde.

E assim foi. Quando a conta finalmente chegou, Mike acabou me deixando uma gorjeta de vinte e cinco por cento. Pensei se seria resultado de sua culpa ou devido à minha disposição radiante. Ele foi embora com a namorada, que sorriu e me deu tchauzinho. Ela era legal. Eu me senti mal por ela estar namorando um cara tão mentiroso.

NÃO ACREDITE EM UMA PALAVRA QUE EU DISSER

Cerca de vinte minutos depois, eu estava contando meu dinheiro, arrumando-me para fechar o lugar e pensando na ironia de ter pagado o jantar para aquele cara algumas semanas antes. Como fui idiota! Então, de repente, ouvi sua voz.

— Chelsea. — Ai, merda! Era o Mike. Sozinho. Eu me virei para responder, mas antes me lembrei de que eu não era mais a Chelsea. Em pânico, apertei os olhos para fingir confusão. — Você está falando comigo? — perguntei.

— Eu sinto muito mesmo — ele disse.

— Por quê? — perguntei, fingindo perplexidade.

— Pelo que acabou de acontecer — ele disse. — Quer dizer, claro, estamos morando juntos, mas não é…

É aí que a coisa fica boa.

— Ok — eu disse. — Tenho que te interromper. Não sou Chelsea. Eu percebi que você vem olhando para mim de forma bem estranha, mas não sou ela. Ela é minha irmã gêmea. Não sei como você a conhece, mas não faço ideia de quem seja você. — E então falei, ainda mais docemente: — Sinto muito.

Silêncio.

Ele me encarou por algum tempo: — Ok, isto é muito estranho — ele disse. — Você é igualzinha a ela. Quer dizer, igualzinha.

— Bem, somos gêmeas. Isso pode acontecer com gêmeos.

— Então, qual é seu nome? — ele perguntou.

Eu não havia me preparado para essa pergunta. Que nome devo dar a mim mesma?, pensei. Todos os nomes de todas as pessoas com quem me envolvi começaram a inundar minha cabeça. Infelizmente, nenhum deles era de mulher.

— Kelsea — soltei.

— Chelsea e Kelsea? — ele perguntou.

— Você deveria conhecer nossos pais. — Eu ri. Rapidamente me perguntei se Chelsea alguma vez lhe havia contado sobre nossos pais verdadeiros. Então me lembrei de que *eu* era Chelsea.

— Isso é incrível, vocês são idênticas!

Concordei.

— Sério, vocês são exatamente iguais.

Agora ele já estava me dando nos nervos. Será que nunca tinha visto gêmeos antes?

— Espere, por que ela nunca me disse que tinha uma irmã gêmea? — ele perguntou.

— Sei lá, como você a conhece?

— Nós meio que, hã... bem, nós...

Interrompi: — Ah, deixe-me adivinhar: você dormiu com ela?

— Oh! — Ele se sentia bem idiota.

— Pois é, bem, a Chelsea meio que dorme com todo mundo.

— O quê? — ele estava horrorizado.

— É, ela é um verdadeiro caso de polícia. Esse tipo de coisa acontece comigo o tempo todo. Os homens pensam que eu sou ela.

— Ela faz isso o tempo todo?

Suspirei. Eu não tinha acabado de dizer isso?

— Praticamente.

NÃO ACREDITE EM UMA PALAVRA QUE EU DISSER

— Você quer dizer que ela simplesmente dorme com caras diferentes o tempo todo?

— Infelizmente, sim. Você provavelmente deveria fazer um exame médico.

Silêncio.

Cerca de cinco segundos passaram antes que Mike saísse rapidamente pela porta. Nem sequer disse tchau, o que achei um pouco rude.

— Quer que eu diga a ela que você passou por aqui? — gritei, enquanto ele saía.

— Não.

Ele foi embora.

Uns dois anos depois, entrei na minha agência do Bank of America e vi o rosto dele colado no pôster mais recente, anunciando empréstimos para microempresas. Levei uns dez minutos para decifrar de onde eu conhecia aquele cara. Eu me perguntei se o Bank of America me daria um empréstimo pessoal por ter dormido com o garoto-propaganda deles. E me perguntei se eles me dariam um empréstimo pessoal por dormir com um de seus caixas. Eu estava precisando mesmo de um empréstimo.

# O Come-Come

MOREI UM tempo com uma virgem de vinte e oito anos. Isso mesmo. Ela não era mórmon e aquilo não tinha nada de religioso; era simplesmente burrice. Era de pensar que alguém havia costurado a vagina dela. Quem, em sã consciência, iria de livre e espontânea vontade se abster de algo que pode proporcionar tanto prazer e dor ao mesmo tempo? Essa era uma pergunta que eu me fazia o tempo todo. Eu simplesmente não concebia. Ela tampouco o faria, se continuasse daquele jeito.

Dã-Dã e eu éramos como os dois caras do filme *Um Estranho Casal*. Dã-Dã era alta com cabelo ruivo e crespo, e parecia uma versão crescida da órfã Annie. Eu rebolava pela sala de estar em meu conjunto novo de sutiã e calcinha fio-dental, enquanto ela ficava deitada no sofá em seu pijama favorito do Ursinho Pooh, abotoado até o pescoço, devorando um pote de sorvete Ben & Jerry's. Ela fazia biscoitos, só assistia a reality shows e falava no telefone durante horas com os pais que viviam em Nova Jersey. Eu voltava para casa bêbada três ou quatro noites por semana e, nas demais noites, nem sequer voltava. Como eu era dois anos mais nova que ela, Dã-Dã entendia que ela é que estava no controle. Se fôssemos a algum lugar juntas, era ela quem dirigia, e todas as contas do apartamento estavam colocadas em seu nome para que ela pudesse administrar os pagamentos. Ela também sofria de um caso grave de TOC, portanto, depois que eu ia para a cama, ela saía de seu quarto e verificava se todos os eletrodomésticos estavam desligados, e lavava novamente qualquer louça que eu houvesse lavado. Era como se eu estivesse morando com o Rain Man.

Estou convencida de que os pais de Dã-Dã eram a razão por trás da sua falta de traquejo social. Ela contava com o pai para orientá-la com relação a tudo: desde qual desodorante usar até que marcas de eletrodomésticos comprar. Ela não apenas não teve qualquer contato sexual nos dois anos em que moramos juntas, como raramente saía à noite. Preferia ficar em casa e assistir a *The Bachelor* na televisão de setenta e duas polegadas que o pai dela comprara para nosso apartamento de dois quartos. A resolução era tão intensa que não se podia sequer distinguir o que estava na tela se estivéssemos sentadas no sofá em frente. Tínhamos que ficar na sala de jantar perto da porta de entrada para ver uma imagem nítida. E o mais importante: ela não gostava de bebidas alcoólicas. Existem dois tipos de pessoas em que não confio: pessoas que não bebem e pessoas que colecionam adesivos.

Sempre sonhei em ver Dã-Dã no programa do Howard Stern participando do jogo de conhecimentos gerais "Stripper Jeopardy". Ela achava que o Senado era um tipo de biscoito.

O COME-COME

Uma vez perguntei a ela, durante uma eleição, se ela sabia o nome dos dois candidatos presidenciais. Ela disse: — Dã, Gore e Bush.

Eu disse: — Ok, e quem é o vice de Gore?

Ela disse: — Não sou tão burra... o Bush.

O quarto dela estava coberto por rosas e pôsteres do 'N Sync. Era o caso de se pensar que ela ainda não tivera sua primeira menstruação. Ela tomava banho de banheira todas as noites e nunca de chuveiro. Ela chorou na primeira vez em que foi parada no trânsito por um policial. Expliquei a ela que não havia motivo para chorar quando um policial pede para você parar — a não ser que você esteja vindo diretamente de uma cena de crime.

Estávamos morando juntas no 11 de Setembro e ela se convenceu de que aquilo não era nada demais porque o pai dela dissera que tudo ficaria bem.

— Meu pai disse que vai ficar tudo bem e que pode ser que os culpados já estejam presos.

Era como se o evento todo tivesse sido um episódio da série *As Panteras*.

Cerca de uma semana depois, eu fui com ela até a agência onde ela acabara de comprar um carro novo. O país havia passado por diferentes níveis de "alerta máximo" e ninguém sabia quando iríamos invadir o Afeganistão. Eu estava dizendo como era assustador saber que poderíamos entrar em guerra a qualquer minuto.

Ela entrou em pânico e disse: — Ah, meu Deus, é hoje?

Dã-Dã trabalhava numa floricultura, que era o emprego perfeito para ela. Ela encorajava sua insanidade trabalhando num ambiente no qual tudo *era* um mar de rosas. Era o ambiente ideal, que permitia que ela estivesse completa e alegremente inconsciente do mundo a seu redor. Toda semana, de segunda a sexta, ela se levantava com o raiar do sol para vender flores. Nunca consegui entender por que as pessoas precisavam comprar flores às sete da manhã de uma terça-feira e sempre achei curioso que alguém pudesse se animar com qualquer coisa que não uma panqueca a essa hora da madrugada.

Dã-Dã tinha uma paixonite por um apresentador de reality show que costumava tomar café da manhã ao lado da floricultura todos os dias. Ela passava a maior parte do tempo em pé na frente da floricultura para ver quando ele se sentaria no café. Então, ela fazia de conta que ficava surpresa quando ele aparecia e ia até lá dar um "olá" casual. Existem muitas formas de perseguição e, combinado com passar de carro em frente à casa dele várias noites por semana, essa era uma delas. Insisti para que ela parasse de gastar gasolina em idas até a casa dele e, em vez disso, concentrasse seus esforços em decifrar o código do celular dele e ouvir suas mensagens.

Todas as tardes, ela chegava em casa e falava durante horas a respeito desse cara: como, pela manhã, ele dissera que ela estava bonita e esboçara um sorriso antes de pedir seus ovos. Ela me perguntou se eu achava que era um sinal o fato de ambos adorarem ovos cozidos: — Só se você estiver procurando ovos para pintar na Páscoa — eu disse a ela. Então, ela telefonava para seus pais e repetia cada palavra da conversa deles. Que desastre! Se alguma vez eu telefonasse para meu pai para falar sobre um cara, ele fingiria que o telefone estava sem sinal. O telefone fixo.

Apesar do fato de que só o que eles haviam feito fora conversar sobre ovos e sobre o profundo respeito pelo coelhinho da Páscoa, Dã-Dã estava convencida de que o cara saltaria de dentro da tela de sua TV e lhe pediria em casamento. Ela tinha a maturidade emocional de uma criança de sete anos. Juntas, nós tínhamos quinze.

A paixonite vinha se arrastando por quase um ano e, finalmente, eu já não podia mais suportar. Já que ela não iria parar de falar sobre ele, eu iria ajudá-la a fisgá-lo. Primeiro, porém, ela precisava ser penetrada.

Estava na hora de contratar um prostituto. Eu já havia contratado seus serviços antes, uma vez, para "atacar" minha amiga Lily depois de um rompimento. Ela havia ficado satisfeita com ele, talvez até um pouco demais. Ficou apegada ao cara e ele teve que começar um pseudonamoro com ela, o que me custou uma fortuna. Ele finalmente conseguiu terminar com ela numa boa porque meu seguro-desemprego tinha acabado. Mas, pelo menos, ela superou o ex.

Ed era ótimo. Rosto sexy, corpo sexy. Ele era dócil, algo que meio que me irritava, mas eu sabia que Dã-Dã adoraria. E, embora eu não possa dizer que fosse burro, ele definitivamente não passava seu tempo livre em casa separando íons. Eu o havia conhecido em uma despedida de solteira, encantada em encontrar meu primeiro prostituto. Já havia percorrido a região de Hollywood várias vezes em busca de minha alma gêmea, mas nunca encontrara ninguém que, de fato, se parecesse com um homem.

Ed ficou chateado depois do que acontecera com Lily. Então, quando telefonei para ele a respeito de Dã-Dã, disse que acrescentaria um extra. Eu não sabia ao certo o que ele queria dizer, mas tive esperança de que fosse sexo anal.

Para que o encontro acontecesse, levei Dã-Dã a um show dos Backstreet Boys — a única forma de fazê-la sair de casa. Houve poucas vezes na minha vida em que pensei em me matar, e essa foi uma delas. Ver aqueles cinco caras se exibindo no palco me fez questionar um monte de coisas sobre a nossa cultura. Número um: onde estavam os instrumentos deles? Dois: havia mulheres no mundo que realmente se excitavam com aquilo? Infelizmente, eu estava acompanhando uma que se excitava. Dã-Dã estava praticamente tendo um orgasmo. Não que ela fosse se dar conta se realmente tivesse um.

Armei para Ed nos encontrar lá e, daí, iríamos "acidentalmente" trombar com ele. Então, ele se apresentaria como o empresário dos Backstreet Boys e insinuaria a ideia de irmos até os camarins. Ele estava realmente bonito naquela noite e, na verdade, Dã-Dã o viu antes que eu o indicasse como o gato que estava ao lado do bar.

— Ah, meu Deus, eu conheço esse cara! É o Ed. Já me encontrei com ele várias vezes! — eu disse. — O que será que ele está fazendo aqui?

A animação no rosto dela era suficiente para que eu considerasse a noite um sucesso. O plano daria certo.

Fomos até ele e eu fiz as apresentações: — Dã-Dã, este é o Ed. Ed, esta é minha companheira de apartamento, Dã-Dã.

Ed lançou seu sorriso pós-clareamento dentário e disse: — Bem, Dã-Dã, Chelsea nunca me disse que tinha uma companheira de apartamento mais bonita do que ela. — O cara era bom!

— Sério? Oh, meu Deus, você é tãããão engraçado.

Aquela era sua resposta-padrão para qualquer um de quem ela gostasse, independentemente de o comentário ser realmente engraçado.

Eu os deixei sozinhos para ir à caça do meu próprio cara, mas, depois de uns minutos, comecei a me sentir mal. Meu estômago estava revirando e eu suava frio. Ao encostar na parede para me equilibrar, eu me senti tão nauseada que quase vomitei. Os Backstreet Boys estavam literalmente me deixando enjoada. Eu tinha que sair dali de qualquer jeito. Por sorte, isso poderia funcionar bem para o meu plano. Eu não podia acreditar que não houvesse pensado nisso sozinha.

Voltei lá para dentro para procurar Dã-Dã e Ed e explicar que não estava me sentindo bem. Como suspeitei, eles estavam sentados juntos em uma cabine, onde ele contava para ela histórias de sabe Deus o quê, e ela estava engolindo tudo. Perguntei a Ed se ele se importaria em levar Dã-Dã para casa porque eu não estava muito legal.

Ela pareceu um pouco assustada por um segundo, mas ele garantiu que ela estaria em boas mãos e que ele não seria nada além de um perfeito cavalheiro. Dei uma olhada para Ed a fim de me certificar de que ele não estava falando sério.

No minuto em que saí e parei de ouvir a música, eu me senti muito melhor. Minha amiga Jen iria a uma festa de modelos masculinos naquela noite e eu decidi telefonar para ela. Ela

nem sequer atendeu o celular com "alô"; simplesmente disse:
—Venha já para cá, se é que você sabe o que é bom nesta vida.
— Jen era companheira de apartamento de Ivory, e eu acabei gostando dela tanto quanto; principalmente porque, ao contrário de Ivory, ela sabia beber e não acreditava em relacionamentos longos. Jen era o tipo de garota que só saía de vez em quando, portanto, quando ela saía, queria mais era se divertir. Aquilo seria bom.

Cheguei ao Falcon pouco depois das onze. Tempo mais que suficiente para estabelecer algumas conexões de uma noite só. Havia modelos por toda parte. A desgraça era que também circulavam por ali modelos femininos. Ótimo. Um desafio.

Encontrei Jen rodeada por três caras que se chamavam Ross. Ela jogou um para cima de mim, e Ross e eu pegamos uma mesa nos fundos.

Tomando uns drinques, contei a ele tudo sobre minha companheira de apartamento e a missão secreta daquela noite, e ele achou engraçadíssimo. Ele provavelmente riu de tudo o que eu disse, o que pode ser bastante irritante, mas só pela manhã.

Ross me contou o quanto odiava ser modelo, toda aquela pressão, e blablablá. Seus dentes eram tão brancos que me peguei pensando que tipo de produtos clareadores os modelos tinham à sua disposição que não estavam disponíveis no mercado. Ele era um pouco previsível, mas eu já havia conhecido outros muito piores.

Achei que ele tinha potencial no jogo da vida se apostasse alto suas cartas. Ele, definitivamente, tinha potencial no jogo da minha vagina; mas também, quem não tinha?

O COME-COME

Todos os outros Ross se uniram a nós, juntamente com Jen e uma modelo com quem ela fizera amizade. Jen faz amizade com todo mundo. Nesse caso, eu não tinha objeção alguma, porque, no minuto em que a garota abriu a boca, Dã-Dã passou a parecer uma física nuclear. Ali estava a prova de que existem muitas pessoas de fato mentalmente incapazes. Ela dava risadinhas o tempo todo e falava sobre o papagaio dela que não parava de dizer "cocô". Como se "cocô" fosse uma palavra assim tão pervertida. No fim, todos passaram a ignorá-la e acho que ela deve ter finalmente adormecido na mesa.

Jen e eu ficamos algum tempo sozinhas enquanto os Ross 1, 2 e 3 foram pegar mais bebidas. No minuto seguinte, notei Ross de papo com outra garota no bar. Não sou do tipo ciumento, mas tinha que ditar as regras.

— Ei, Ross! — gritei. Três caras olharam na minha direção. — Vocês não. — Sem querer ser mal-educada, apontei para o meu Ross com dois dedos, em vez de um. — Com quem você está conversando?

Ele sorriu e disse: — Me desculpe, já estou voltando.

— Não, não, tudo bem — eu disse. — Você pode conversar com outras garotas, mas, quando eu for embora, você vem comigo.

Ele sorriu novamente e disse: — Sim, está bem.

Perfeito. Eu já havia conseguido meu homem e agora podia ficar papeando com Jen. Eu não tinha muito mais o que dizer a Ross, de qualquer maneira, e era melhor guardar o pouco que tinha para mais tarde, caso me visse num aperto. Jen começou a me contar como o namorado atual de Ivory, Wang, gostava de cortar as unhas dos pés na sala de estar da casa delas, assim como fazer vitaminas de fruta todas as manhãs e, depois, deixar o liquidificador sujo na pia.

— Que irritante — eu disse a ela. — Dã-Dã jamais aceitaria isso.

— E como vai a Moranguinho? — perguntou Jen.

— Bem, a julgar pelo jeito em que deixei as coisas, ela deve estar muito bem.

Contei a ela sobre Ed e, depois de me encarar por quase trinta segundos com a boca aberta, ela disse: — Uau, você é uma amiga muito boa *mesmo*.

— Bem, o que posso fazer se sou generosa? — retruquei.

A última chamada do bar foi feita e recolhi meu homem. Ele me seguiu até minha casa em Santa Monica e estacionou na rua e, então, entramos de fininho.

Em silêncio, atravessamos o apartamento em direção ao meu quarto. A porta de Dã-Dã estava fechada, então deduzi que Ed estivesse lá tirando seu cabaço. Não sei se tomei um sedativo ou o que foi que aconteceu, mas a próxima coisa de que consigo me lembrar é de ouvir Dã-Dã gritando feito uma louca e de Ross ter sumido.

Olhei para o meu relógio. Eram quatro e meia da manhã. Coloquei uma camiseta, corri para o corredor e dei de cara com Ross ali de pé, nu, e Dã-Dã, com o pijama do *Procurando Nemo*, ainda gritando. Aparentemente, Ross pensou que o vaso sanitário estivesse no quarto dela e estava tão desorientado que entrou lá e começou a fazer xixi. Nela.

O COME-COME

Eu nunca havia levado um cara antes para o apartamento porque sabia que Dã-Dã tinha aversão a estranhos, principalmente homens. Achei que naquela noite não haveria problema porque supus que Ed estaria lá também. Então, de manhã, nós quatro poderíamos contar uns aos outros os detalhes da noite anterior, e Dã-Dã poderia fazer panquecas em forma de coração para todo mundo.

Cara, como eu estava errada.

Eu nem sequer podia entender o que Dã-Dã dizia de tão aguda que estava sua voz. A única outra vez em que a tinha visto tão perturbada foi quando cancelei sua assinatura da revista adolescente *Tiger Beat*.

Disse para Ross dar o fora. Era claramente sua dica para ir embora. Ele não parava de pedir desculpas, mas não estava ajudando. Ele parecia ridículo ali, de pé, pelado.

Eu tinha que acalmar Dã-Dã. Lógico, sua primeira interação bem de perto com um pênis tinha que ser enquanto a urina saía dele. Não é exatamente a realização de um sonho. Demorou alguns meses, depois da minha primeira transa, para eu sequer olhar para um pênis. Eles são bem ridículos.

Inocentemente, perguntei a ela onde estava Ed e ela disse que tivera a melhor noite de sua vida, mas que ele nem sequer lhe dera um beijo de despedida. Que filho da puta! Se pelo menos Ed estivesse ali, ele poderia ter dado um soco em Ross e ninguém perceberia nada. Além disso, eu teria minha cama só para mim.

Eu me desculpei tremendamente e disse a ela como me sentia mal por causa de Ross. Garanti-lhe que me livraria dele.

Daí, eu a ajudei a trocar a roupa de cama e a lavar o xixi de seu cabelo ruivo e crespo. Mas eu sabia que, daquele momento em diante, nosso relacionamento jamais seria o mesmo.

Quando ela finalmente se acalmou o suficiente para dormir, eu voltei para o meu quarto. Ross estava desmaiado na cama. Ele deve ter se sentido realmente péssimo por ter mijado na cara da minha amiga.

— Ross. Ross. Roooosss! — gritei, estapeando seu rosto.

— Este nem é meu nome, porra — ele resmungou.

— O quê?

— Este não é meu nome. — Agora era *ele* quem estava puto. Ah, faça-me o favor.

—Você me disse que este era seu nome.

— Não, você disse que seria meu nome porque meus dois amigos se chamavam Ross. Você achou que seria engraçado me chamar de Ross também.

— Que seja — eu disse. — Escute aqui, limpam a rua às seis. Você tem que tirar seu carro.

— Num sábado?

— Sim — eu disse —, infelizmente. — Então, ele me perguntou se poderia voltar depois. Para quê: urinar em mim, dessa vez?, pensei. — Sinto muito, tenho que ir à igreja bem cedo — eu disse.

— Mas é sábado — ele me lembrou; *de novo*.

— Sinagoga — eu disse. Acho que ele entendeu o recado. Caso contrário, deve ter definitivamente entendido ao perceber que na nossa rua nem sequer passava lixeiro. Eu decidi que saber usar o penico, algo que havia saído da minha lista de pré-requisitos anos antes, teria que retornar.

O que aconteceu foi que até Ed achou Dã-Dã burra demais. Ele se desculpou profundamente, mas não pôde suportar a ideia de magoá-la e, além disso, não seria capaz de ouvi-la falar nem mais um segundo. Ele me disse que havia um limite para o quanto conseguia ouvir a respeito do *Rei Leão*.

No dia seguinte, eu saí e comprei uma máquina de karaokê para Dã-Dã e disse a ela que seria uma excelente forma de impulsionar sua carreira como cantora.

— Sério? — ela perguntou. —Alguém já fez isso?

— Claro, dãããã — disse a ela. — Como você acha que o Yanni começou?

Ed ficou bastante chateado com a história toda. Ele nunca havia deixado de cumprir com seus requisitos profissionais antes. Portanto, ambos concordamos que o melhor seria se dormíssemos juntos. Isso é o que eu chamo de cumprir requisitos.

Doutor, Doutor

A MAIORIA DAS mulheres que conheço prefere ir a ginecologistas, massagistas e terapeutas do sexo feminino. Eu prefiro homens. Sempre achei que os homens têm uma compreensão melhor do corpo feminino e sempre me senti mais à vontade nua com um homem na sala. Suas mãos são geralmente mais fortes, eles geralmente são mais confiantes ao executar uma tarefa manual, e a maior parte dos homens tem pênis. Adoro pênis.

Ivory havia acabado de receber a indicação de um ginecologista novo. Aparentemente, sua ginecologista anterior começara a tratá-la mal depois de atendê-la três vezes em um mês. Ela achava que talvez Ivory fosse uma hipocondríaca vaginal.

Ela estava certa. Após qualquer contato sexual ou depois da menstruação, Ivory marcava uma consulta com sua ginecologista para ter certeza de que tudo estava intacto. Ela tentou me garantir que essas consultas eram motivadas puramente por seu desejo de manter sempre o máximo aproveitamento sexual.

Conhecendo Ivory tanto quanto eu conhecia, eu estava ciente do real motivo: medo. Ela estava constantemente com medo de contrair uma DST. Ela é o tipo de pessoa que se preocupava que seu clitóris pudesse ser afetado por raios UV indesejados através de um absorvente que tivesse ficado muito tempo ao sol. Como se os absorventes simplesmente decidissem se levantar no meio do dia e sair para tomar sol. Ela uma vez me perguntou se eu achava que era possível pegar chato pagando um boquete para alguém. Sabendo que os chatos são atraídos pelas áreas com pelos, eu disse a ela: — Sim, mas só se você tiver bigode.

Depois de sua primeira consulta com o Dr. Luke, Ivory veio direto para o meu apartamento. Ela estava radiante.

— Você não vai acreditar como meu novo médico é sexy — ela disse. Ivory tem excelente gosto para homens. Eu sabia que, se ela achava que alguém era sexy, ele era mesmo. — Ele é engraçado, sexy, inteligente e não é casado! — ela gritou.

— Ótimo — eu disse. — Saia com ele.

— Não posso — ela declarou. — Estou namorando o Jackson há dois meses. Decidimos não sair com outras pessoas.

Jackson e Ivory. Jackson era o vocalista de uma banda da qual não consigo lembrar o nome. Ele era bem sexy, mas seu cabelo era mais longo que o de Ivory e parecia que ele estava escondendo alguma coisa nele. Ivory vinha de uma família cheia da grana; seus pais cubanos haviam aberto um negócio lucrativo de banho e tosa de animais que agora ocupava quatorze estabelecimentos distintos. Ela geralmente namorava homens ricos. Tampouco era daquele tipo de garota que enlouquece com músicos, então fiquei surpresa com o relacionamento deles. Além de ver sua banda tocar duas vezes, sobre Jackson eu só conhecia o fato de que ele adorava fazer sexo oral em Ivory.

— Bem, azar — eu disse. — Você vai ter que esperar até terminar o namoro, então. Tenho certeza de que conhecerá melhor o Dr. Luke nesse intervalo.

— Saia você com ele — ela disse.

A ideia de namorar firme alguém que conhecia bem uma vagina me pareceu excelente: — Ok — eu disse. — Mas primeiro vou marcar uma consulta. Quero ter certeza de que ele é bom com um espéculo.

— Você é o máximo! Eu sabia que faria isso. Mas você também tem que dormir com ele. Preciso viver indiretamente, através de você.

— Bem, deixe-me ver o que posso fazer.

Ivory nunca havia me pedido um favor antes. Eu tinha feito pequenos favores para ela, é claro, levando remédios quando ela estava doente ou dando uma carona até o aeroporto, mas nada daquela magnitude. Eu me senti honrada que ela confiasse em mim o suficiente para cumprir aquela tarefa. Ela precisava de ajuda e, por sorte, tinha alguém como eu com quem contar.

Telefonei naquela tarde para marcar minha consulta com o Dr. Luke. Seu primeiro horário disponível era em duas semanas. Devido à minha falta de emprego, minha agenda estava totalmente livre. E eu não poderia imaginar uma maneira melhor de passar a tarde.

Imediatamente marquei uma depilação de virilha com minha esteticista. Quando cheguei lá, perguntei se ela poderia depilar uma mensagem especial para o médico. Tipo: "Olá, doutor". Ela disse que minha face vaginal não era suficientemente grande para tantas palavras. Adorei o termo "face vaginal" e mal podia esperar para usá-lo em uma frase.

Concordamos em fazer uma depilação cavada à brasileira — só depois que mandei pra dentro um comprimido de Vicodin. Não sei quem inventou a depilação com cera, mas, claramente, foi a mesma pessoa que inventou o Vicodin.

Finalmente, chegou o dia da minha consulta. Decidi usar um terninho para dar a ilusão de ser uma executiva. A ideia de que eu iria me deitar lá pelada me escapou completamente.

Quando cheguei ao consultório, estava nervosa. E se ele não gostasse da minha vagina? E se eu tivesse algum tipo de vagina estranha que o fizesse rir? Eu não era geralmente tão insegura, mas precisava que ele gostasse de mim. Não podia decepcionar Ivory. Que alguém dependesse de mim me fez querer superar as dificuldades. Preenchi uns papéis e respirei fundo algumas vezes.

Quando chamaram meu nome, entrei na sala de exames e recebi um daqueles roupões de tecido que não fecham, com um fundilho do tamanho de um guardanapo; portanto, se eu me sentasse, minha bunda estaria virada para a porta e visível quando do Dr. Luke entrasse. Aquela não era a primeira impressão que eu queria dar. Fechei o roupão e me deitei.

O Dr. Luke entrou. Ele era mais velho, parecia ter trinta e tantos anos, e Ivory tinha razão: ele era muito sexy. E me fez

DOUTOR, DOUTOR

lembrar um Richard Gere mais amigável. Bastante gentil. Ele me deu um sorriso largo, genuíno, revelando ter um ótimo jeito com pacientes. Esperei que aquilo levasse também a um ótimo jeito com amantes.

Gostei dele instantaneamente. Ivory deveria ser casamenteira. Eu estava com as pernas cruzadas e me apoiava sobre os cotovelos. Parecia que estava posando para a *Playboy*.

— Você é a senhorita...

— Pode me chamar de Chuchu... digo, Chelsea. — Dei-lhe meu melhor sorriso. Era possível imaginar que estávamos em um piquenique.

— Ok, Chelsea, você pode me chamar de Dr. Luke.

— Ah, muito obrigada! — Nós dois rimos. Ele era engraçado.

— E qual seria o problema? — ele perguntou.

— Ah, nada em particular, só meu Papanicolau anual.

— Diz aqui na sua ficha que seu último Papanicolau foi há dois meses.

— Verdade? — perguntei. — Que estranho, podia jurar que já fazia tempo.

— Bem, seu último médico me mandou o resultado, e essa é a data do exame.

— Ele, na verdade, não é muito... bom da cabeça, se é que você me entende. É por isso que estou aqui. Acho que ele já deveria ter se aposentado.

— Ah, entendi — disse o Dr. Luke. Aquilo estava indo mal. Qual era o motivo daquele interrogatório?

— Bem, vamos começar — ele disse. — Por que você não se deita e relaxa? Vamos só dar uma olhada para ver se está tudo em ordem.

Notei fotografias dele em veleiros por todas as paredes: — Você veleja? — perguntei enquanto ele enfiava uma coisa fria na minha vagina.

— Sim, sempre que tenho um tempo livre.

— Que estranho! — exclamei. — Eu também! — Se eu tivesse visto fotos de pessoas comendo outras na parede, teria dito a ele que praticava canibalismo.

— Sério? — ele perguntou. — Com que frequência você vai velejar?

— Sempre que posso.

— Você tem seu próprio barco?

— Tenho. Está no conserto, na verdade, é só um barquinho da marca Boston Whaler. — Me ocorreu que um Boston Whaler não era um veleiro. Ele perguntou qual era o problema com o barco, e eu entrei em pânico e disse que era um pneu furado.

— Quer dizer... hã, não um pneu furado, um vazamento de óleo — eu disse.

— Você compete? — ele me perguntou, erguendo os olhos por entre minhas pernas.

— Na verdade, não, mas adoro assistir. Velejar sempre foi minha atividade favorita.

Nem *eu* sabia de que raios estava falando. Não tinha certeza se estava falando coisa com coisa e precisava desviar a conversa para outros assuntos, antes que ele descobrisse que o

DOUTOR, DOUTOR

mais próximo que eu havia chegado de velejar tinha sido ao escorregar no tobogã do Great Adventure.

— Há uma regata em Catalina neste fim de semana — ele me disse.

— Pois é, eu deveria participar, mas, como meu barco está no conserto, acho que vou perder essa oportunidade. Eu estava muito ansiosa por ir.

— Eu e meu parceiro vamos. — Ele não olhou para mim ao dizer isso. Será que era um convite?

— Jura?! Ai, que inveja! Vai ser tão legal.

— Sabe, você pode tomar um barco até Catalina desde Long Beach — ele me informou. Aquilo, definitivamente, não parecia um convite.

— Ah, sim, eu sei — eu disse —, mas não é a mesma coisa.

— Bem, tudo parece estar bem aqui embaixo. Devemos receber o resultado do laboratório dentro de algumas semanas e então vamos informar se houver algo irregular.

— Não deve haver. Faz algum tempo que não faço sexo. De qualquer forma, obrigada de novo. Não senti nada. — Pensei em dizer que havia sido o melhor Papanicolau da minha vida, mas não quis exagerar.

— Com quem você estava planejando ir a Catalina? — ele perguntou quando eu estava a ponto de abrir a porta para sair.

— Ah, com uma amiga. Nós vamos sempre.

— Bem, se vocês estiverem em apuros, eu ficaria feliz em lhes dar uma carona até a ilha. Não será nada muito animado, só eu e o Dr. Wheeler; porém, uma paciente necessitada...

129

— Ah, eu detestaria dar trabalho — menti.

— Ah, que nada, você estaria nos fazendo um favor. Será legal ter alguém conosco a bordo que saiba velejar, além de mim. O Dr. Wheeler não é o marinheiro mais hábil do mundo.

— Eu não tinha certeza se queria me comprometer daquele jeito, mas o Dr. Luke estava ficando cada vez mais sexy e a ideia de vê-lo de short com os cabelos ao vento me fez estremecer.

— Seria maravilhoso — eu disse. — Você acha mesmo que não haveria nenhum problema?

— Claro. Será divertido ter companhias jovens. Deixarei meu telefone na recepção para você. Me ligue este fim de semana e combinaremos tudo.

— Muito legal da sua parte! Obrigada!

Eu não podia acreditar como aquele cara era legal. Tinha sido tão fácil. A não ser pela parte sobre eu velejar.

Também tinha que decidir que amiga minha era suficientemente merecedora para ser convidada para uma viagem de fim de semana a Catalina com um médico. Ivory iria morrer de inveja, mas teria que deitar na cama que ela mesma havia arrumado para mim. Peguei o telefone do Dr. Luke na recepção e saí correndo para entrar na primeira livraria que encontrasse. Precisava comprar rapidamente um exemplar de *Como Velejar para Completos Idiotas*.

Meu telefone tocou enquanto eu estava dirigindo. Era minha melhor amiga do ensino médio, Rory. Ela fora à Universidade Penn depois do colegial, fizera uma licenciatura em psicologia e, depois, mudou-se para Los Angeles a fim de seguir carreira como atriz; em vez disso, havia seguido um cara após o outro: — Preciso escapar do meu encontro na sexta-feira com aquele médico anestesista. Pedi a ele para me anestesiar na outra noite e ele me olhou como se eu tivesse pedido para me foder pelo olho. Não suporto mais nenhum jantar com esse cara.

— Diga a ele que você vai a Catalina neste fim de semana com seu novo namorado ginecologista.

— Bem que eu queria — ela disse.

— Não, é sério. Nós vamos a Catalina neste fim de semana com meu novo ginecologista e o parceiro dele.

—Você está falando sério? — ela perguntou.

— Sim. De veleiro.

— Eu te amo.

— Obrigada. Eu não cheguei a ver o seu cara, mas ele é médico.

— Eles têm acesso a anestesias?

— Se supõe que tenham.

— Por favor, diga que esse passeio foi combinado enquanto ele examinava seu seio.

— Posso mentir sobre isso.

—Você me deixa tão feliz; te ligo depois.

Rory e eu nos encontramos com nossos garanhões em seu ancoradouro na marina. O nome do Dr. Wheeler era Matthew. Ele não era nenhum Dr. Luke, mas era charmoso, de um jeito mais misterioso e sombrio. Rory imediatamente achou que o Dr. Luke era dela, mas eu disse para ela ficar longe dele.

O barco era lindo. Era enorme e branco com velas gigantescas. Eu sabia que não poderia fingir que pilotava aquilo. Tinha trazido um monte de bebida comigo para usar como desculpa, mas, aparentemente, não precisava me preocupar porque outro casal havia sido convidado e eles eram "velejadores ávidos". O Dr. Luke me disse que, se eu quisesse entrar em ação, teria que me impor; seus amigos Lori e Glen eram muito controladores no leme de um barco.

—Ah, bem, isso é o que veremos — foi minha resposta.

Depois de uma hora de passeio de barco, o Dr. Luke veio com um saco cheio de ecstasy. Um ginecologista drogado! Eu tinha morrido e ido para o céu? Quando ele nos perguntou se festejávamos, acho que Rory deve até ter feito um pouco de xixi na calça. Matthew nos advertiu para manter a discrição porque Lori e Glen não "festejavam".

Tomamos nossos comprimidos e perambulamos pelo convés. Passou pela minha cabeça que aquele era possivelmente o dia mais feliz da minha vida. Rory e Matthew começaram uma conversa intensa sobre religião e vida em outros planetas. Aqueles dois assuntos eram tão interessantes para mim quanto a Compra da Louisiana, então simplesmente fiquei na minha e esperei uma chance de entrar na conversa.

Quanto mais Matthew falava e bebia, mais eu tinha a impressão de que, definitivamente, havia alguma coisa errada com ele. Não sabia bem o quê. Olhei várias vezes para o Dr. Luke para ver sua reação, mas ele mal prestava atenção em mim. Eu me preocupei com a possibilidade de que talvez não estivesse tão bonita. Mas eu sabia que isso era impossível.

DOUTOR, DOUTOR

Tinha feito limpeza de pele e cortado o cabelo naquela manhã. Eu teria que ser o Tarzan para não estar bonita depois disso. Durante uma das histórias de Matthew, Rory se inclinou em minha direção e disse: — Ele é sexy. — Eu estava pensando exatamente o oposto, mas assenti, encorajando-a, e disse: — Eu sei, veja se você consegue ficar a sós com ele.

Ficar a sós com ele, no entanto, parecia impossível. Matthew não parava de falar sobre como, às vezes, ele via seus parentes mortos, não deixando muito espaço para que eu e o Dr. Luke nos conhecêssemos melhor. Eu precisava falar com o Dr. Luke e seduzi-lo, para que ele passasse a prestar mais atenção em mim, mas ele não parecia nem um pouco interessado.

Estávamos na terceira garrafa de Veuve Clicquot quando Matthew disse que tinha que "tirar água do joelho". Até que enfim eu teria algum tempo para me mostrar. Poderia falar sobre minha teoria sobre o nanismo e como eu achava que havia uma ligação inegável entre os anões e a Ursa Menor. Não demoraria muito para que o Dr. Luke percebesse que eu era mais que um simples rostinho bonito.

— Vou descer para pegar um pouco de queijo e torradas para nós — o Dr. Luke disse e saiu. Dois segundos depois, Rory se levantou: — Vou descer para transar com Matthew — ela disse.

O ecstasy estava começando a fazer efeito, mas, ao contrário do restante da raça humana, ecstasy não me deixa com tesão. Claro, pode ser que eu queira beijar alguém, mas aquela necessidade repentina e violenta de sexo não acontece. Prefiro ficar sentada ao ar livre, olhar para as estrelas e sonhar sobre como seria minha vida se eu tivesse me tornado uma jogadora de basquete feminino profissional.

Disse a Rory que não me importava com o que ela fizesse, desde que me deixasse sozinha, porque eu estava começando a me sentir bem de verdade. Cerca de cinco minutos depois, ela voltou e me agarrou pelo braço, uma onda de deleite em seu rosto.

— Você está viajando — eu disse.

— Sim, e não sou a única. Venha comigo.

— Me deixe aqui, vá, você pode ficar com ele — murmurei. Eu teria ficado perfeitamente feliz se nunca mais visse uma pessoa na vida. Eu me sentia maravilhosamente bem.

— Os caras estão nos esperando — disse Rory.

— Onde? — perguntei.

— Lá embaixo. Vamos, Chelsea!

— Ok.

Eu me levantei e desci as escadas com ela. Ao nos aproximarmos do quarto, escutei um som muito reconhecível vindo de trás da porta — para, em seguida, me deparar com algo muito chocante, quando Rory a abriu. Matthew estava dentro do Dr. Luke. Ele o estava comendo de quatro, segurando sua cabeça para baixo e dando-lhe no traseiro. O que estava acontecendo? Eu quis correr e proteger a honra do Dr. Luke, mas ele parecia estar se divertindo. Além disso, fiquei um pouco confusa. Nunca tinha visto homens transando na vida real. Rory estava a meu lado com um sorriso enorme no rosto. Ela adorava uma controvérsia.

DOUTOR, DOUTOR

Eu tinha tantas emoções diferentes passando por mim que fiquei congelada no lugar. A única coisa que pude fazer foi gritar: — Parem com isso!

Tanto Matthew quanto o Dr. Luke olharam para mim com seus enormes sorrisos de ecstasy e continuaram mandando ver.

— O que está acontecendo aqui? — exigi saber. Eu falava como meu pai.

Rory estava adorando cada minuto da minha estupefação. Ela nem sequer abaixou sua voz para dizer: — Acontece que os dois são gays.

— Não, ele é o *parceiro* dele — eu disse.

— Sim, Chelsea… entendeu?

— Ai, merda! — Finalmente percebi de que tipo de parceiro ele estava falando. Não podia acreditar. Eu estava bolada demais para lidar com aquilo. Disse a Rory que precisávamos nadar até a costa.

Corremos para o convés e perguntamos a Lori e Glen onde ficavam os coletes salva-vidas. Rory lhes perguntou quanto tempo demoraria para chegarmos a Catalina. Eles disseram que estaríamos lá em uns vinte minutos. Ótimo. Sem problemas. Pegaríamos um quarto de hotel e, no dia seguinte, tomaríamos um barco de volta.

Eu disse a Rory que não deveríamos desperdiçar nosso barato e que nos divertiríamos de qualquer jeito. O importante era não pensar no que estava acontecendo nem no que eu tinha acabado de ver. Eu tinha que me concentrar no lado positivo

— seja lá qual fosse. Rory pegou mais quatro comprimidos de ecstasy e os enfiou em sua bolsa.

— Boa ideia — eu disse.

O Dr. Luke e Matthew subiram quando estávamos chegando ao cais. Eles estavam supermelosos. Era doloroso de se olhar, como ver seu namorado te traindo, só que com um homem. Rory, no entanto, não conseguia parar de rir e, por fim, comecei a rir também, e *eles* dois também começaram a rir. Então, eles vieram na nossa direção com olhares lascivos. O Dr. Luke estendeu a mão para pegar meu seio e perguntou se eu queria levar de dois caras ao mesmo tempo. Pensei em dizer que aquilo já estava ultrapassado há uns cinco anos. Em vez disso, disse: — Olhem para as estrelas.

Rory disse a eles que não iria levar na bunda e que nós deixaríamos o barco assim que ele ancorasse.

— Nós não convidamos você — disse o Dr. Luke.

— Como é que é? — perguntou Rory, ofendida.

Rapidamente, eu disse a eles que adoraríamos ficar mais, mas íamos nos encontrar com uns amigos e tínhamos que voar. Sem trocadilho.

Quando saímos do barco, tomamos outro comprimido e nos divertimos pra caramba tentando achar um quarto de hotel. O tempo todo nos distraíamos com o céu. Depois de algum tempo, eu precisava tão desesperadamente de água que paramos em um bar — só para nos depararmos com uns cento e cinquenta dançarinos de swing em plena ação. O barman nos disse que estava acontecendo a convenção anual de swing em

Catalina. Eu não podia acreditar que esse tipo de coisa existisse. Ele nos advertiu de que todos os hotéis estariam lotados. Só tínhamos uma opção naquele momento, e era cair na diversão. Portanto, dançamos swing até as primeiras horas da manhã, com a ajuda de nossos comprimidos adicionais de ecstasy. Quando as luzes se apagaram, fomos para a praia e assistimos ao nascer do sol. Não fazíamos aquilo desde a formatura do colégio. Tomamos a primeira balsa de volta a Long Beach e fomos de táxi até Santa Monica. No táxi, Rory me disse que eu havia perdido meu encanto desde o ensino médio. Eu lembrei a ela que eu tinha sido a primeira escolha deles para uma orgia. Aquilo calou sua boca.

Ivory ficou muito decepcionada quando lhe dei as más notícias. Ela voltou a seu antigo ginecologista e eu também. Mas, alguns meses depois, eu me encontrei com o Dr. Luke por acaso no Jerry's Famous Deli, na marina. Eu estava com um cara com quem estava saindo, e o Dr. Luke estava com o maior negro que já vi na vida. A mera visão dos dois fez meu ânus se encolher. Notei que o Dr. Luke estava vindo em direção à minha mesa, então me levantei e caminhei no sentido oposto, diretamente para o meu carro. Não podia me dar ao luxo de uma discussão com aquele cara na frente do meu atual pretendente. Só havia três assuntos que ele poderia levantar: minha vagina, seu ânus e o ecstasy que eu havia roubado dele.

Telefonei para o celular do meu peguete e lhe pedi para se encontrar comigo lá fora. Expliquei que aquele cara era um maluco e que vivia me perseguindo e que eu não suportava ter que conversar com ele.

— Ele parecia bastante normal — meu cara disse. — Perguntou se o seu barco já havia sido consertado. Eu não sabia que você tinha um barco.

Ah, Cale Essa Boca!

UMA DAS MINHAS melhores amigas neste mundo é a Shoniqua. Ela é negra. Também tem um metro e oitenta de altura e uma bunda do tamanho de uma bola de praia. Eu a chamo de "Dedos de Martelo".

Shoniqua é a única pessoa que conheço que de fato consegue fazer com que eu pareça tímida. Ela tem uma personalidade tremenda. É capaz de entrar em um lugar cheio de gente e, em segundos, dominar o ambiente. Quando estou com ela, simplesmente fico quieta, relaxo e curto o show.

Somos amigas há dez anos e, durante todo esse tempo, ela está com o mesmo homem, casada com ele durante os últimos cinco. Ele é um africano de verdade, da Nigéria, e tenho quase certeza de que sabe fazer vodu. Basta ele dar uma olhada em alguém e, antes mesmo de falar com a pessoa, decide que ela não é boa para Shoniqua. Senti medo quando o conheci porque sabia que meu organismo estava encharcado de álcool e tinha certeza de que ele consideraria aquilo um mau sinal. Felizmente para mim, ele achou que eu era uma boa semente, apenas confusa com relação ao rumo da minha vida. Sua análise soou aos meus ouvidos muito melhor do que ser uma "vagabunda", portanto logo nos tornamos amigos também.

Conheci Shoniqua enquanto fazia stand-up comedy em um café fuleiro em Alta Dena. Ela administrava um teatro de comédia só com comediantes e espectadores negros. Não se opunha a que os branquelos viessem como clientes ou para se apresentar, mas aquela não era uma parte da cidade em que houvesse excesso de caucasianos.

Eu sabia que o teatro de Shoniqua era o local perfeito para minha comédia. Espectadores negros sempre pareciam ter um senso de humor melhor do que os brancos. É mais difícil conseguir sua risada, mas, quando você consegue, eles realmente se soltam. Adoro desafios e, portanto, a próxima parada na minha carreira na comédia seria agradar os manos.

A primeira pessoa que encontrei no clube foi a mãe de Shoniqua, que também era negra. Quando sua mãe me questionou por que uma garota judia loura de olhos azuis iria para aquele lado da cidade, eu lhe preenchi um cheque de cem dólares e pedi que, por favor, fosse boazinha comigo. Ela pegou o cheque e me mandou comprar uma Corona para ela. Por que vendiam Corona num café não estava muito claro para mim, mas, quando a pessoa atrás do balcão tirou uma Corona geladíssima de um cooler térmico de praia, percebi que os negócios naquela vizinhança estavam claramente sujeitos a uma legislação diferente.

Eu estava extremamente nervosa antes de subir no palco, mas a apresentação acabou indo bem, graças a uma negra de

AH, CALE ESSA BOCA!

cento e sessenta quilos que assoviou e gargalhou para todas as piadas que contei. Não havia muita gente na plateia, e eu não podia ouvir ninguém rindo acima dessa mulher, mas decidi que havia sido uma experiência positiva e perguntei a Shoniqua se eu tinha permissão para voltar lá. Ela me disse que gostava de brancos, mas que não tinha nenhum amigo íntimo branco e, então, me perguntou se eu estava interessada em trocar ideias. Disse a ela que veríamos como as coisas se desenrolariam, mas para dar tempo ao tempo.

Ficamos amigas rapidamente e, alguns anos depois, fizemos planos para uma viagem a Nova York.

Pedimos quartos separados no Península Hotel porque Shoniqua não gostava de dividir o quarto. Eu, por outro lado, adoro dividir o quarto com qualquer pessoa, principalmente garotas. Isso me faz lembrar da infância, quando dormia na casa das amigas, onde a gente conversava até altas horas da madrugada e colocava os dedos da primeira que dormisse na água quente para que ela fizesse xixi na calça. Fiz isso uma vez com Shoniqua, mas não foi tão divertido sem ninguém mais para testemunhar. Na manhã seguinte, quando ela percebeu o que havia acontecido, chegou muito perto de me bater. Ela era fisicamente superior a mim e tive que fugir dela por quase trinta minutos. Com seus braços e pernas compridos vindo para cima de mim de todas as direções, senti como se estivesse lutando contra um polvo. Demorou um tempo para que ela falasse comigo de novo depois daquilo. Com alguma relutância, concordei que, em nossas viagens futuras, ficaríamos em quartos separados. Eu não estava contente com aquilo, mas estava tentando reconquistar sua confiança.

Na segunda noite de nossa viagem a Manhattan, o recepcionista do hotel nos falou sobre um ótimo restaurante novo chamado Tao. Ele tentou fazer reserva para a gente, mas estava completamente lotado, portanto Shoniqua assumiu o controle.

Ela telefonou para o restaurante e informou à hostess que éramos as produtoras executivas da série *Friends*, e que havia uma possibilidade de que Monica e Chandler se juntassem a nós. Lembrei a ela que aqueles não eram seus nomes verdadeiros, mas ela já havia desligado o telefone: — Conseguimos — ela disse.

— Ah, sério? — perguntei. — E onde você acha que vamos encontrar Monica e Chandler?

— Escute aqui, perua. Eles não vão nem ligar para isso quando a gente chegar lá.

Ela estava certa. Eles não ligaram. Mas deram uma olhada ferina nas duas garotas de vinte e sete anos, perguntando-se como era possível que fôssemos produtoras executivas do que quer que fosse além de um seriado de meia hora no canal Nickelodeon. Shoniqua, no entanto, tirou o máximo de proveito possível da situação.

— Olá, que bom te ver! Nossa mesa está pronta? — ela disse com um sorrisão barato que me fez lembrar um bode no cio.

Quando nos sentamos, ela disse à hostess: — Faça o favor de nos trazer uma rodada de drinques de cortesia. Tivemos um longo voo. Eu adoraria algo docinho.

AH, CALE ESSA BOCA!

— Está tudo bem — eu disse à hostess. — Simplesmente a ignore.

— Vá se catar, ô! — Shoniqua chiou; então, ela ergueu os olhos para a hostess e ordenou firmemente: — Simplesmente ignore *esta* mulher.

A hostess nos deu um sorriso pouco à vontade e se afastou.

— Pare com essa merda — eu disse. — Por que você tem que ser tão constrangedora?

— Escute, perua, eles não sabem quem caralho somos nós, então vamos deslocar algumas coisas de graça. Eu não sou judia como você, tá? — Shoniqua achava que ser judia significava que eu havia nascido com um fundo fiduciário, e que recebia depósitos diretos do Banco de Abraão na minha conta. Expliquei a ela, em várias ocasiões, que minha família era os Reis da Sucata do nosso bairro e que o único fundo fiduciário que meu pai tinha reservado para mim era um carro Yugo 1985 faltando o radiador. Ela preferiu ignorar essa informação e, em vez disso, concentrou-se no fato de que tínhamos uma casa de veraneio.

O jantar foi fantástico. Eu a apresentei ao *foie gras*, juntamente com o bife de Kobe e o sashimi de yellowtail. Shoniqua era um paradoxo ambulante: ela nunca comprava uma bolsa ou óculos que não fossem Prada, Gucci ou Chanel, mas não sabia pronunciar filé mignon ou, no caso, comê-lo com palitinhos. Não sou a garota mais sofisticada do mundo, mas meu irmão Ray é chef de cozinha e não demorou muito para que eu aprendesse o que valia a pena comer e o que era melhor dispensar em troca de mais álcool.

Shoniqua e eu sempre nos divertíamos muito quando saíamos, e essa noite não foi diferente. Ela estava me presenteando com uma história sobre uma das cento e sete crianças adotivas que sua mãe criou quando, pelo canto do olho, localizei meu peruano gostosão.

Ele estava no bar, inclinado numa divisória de vidro, olhando para nós duas. Era alto, de pele morena e cabelo negro ondulado. Seu nariz era um pouquinho curvo, mas nada que estragasse o rosto.

Eu disse a Shoniqua que havia um espécime lindo bem atrás dela, mas que não era para ela olhar já: — Eeeeeeeeeei! — ela gritou, no que considerava um tom sedutor, e bateu no vidro como se tivéssemos sido atiradas no lado errado de um aquário. O bode no cio estava de volta.

Todas as pessoas, dentro de um raio de seis metros de nossa mesa, agora olhavam em nossa direção: — Ei, você! — ela gritou, batendo novamente no vidro. Deslizei mais para baixo na minha cadeira e pensei em usar meu guardanapo como burca. Shoniqua é ótima para nos apresentar a homens novos, já que ela é casada e não dá a mínima para o que pensam as pessoas do sexo oposto. — Eu *tenho* marido — ela me diria se eu alguma vez lhe pedisse para ser mais discreta. — Estou tentando te arrumar um também, caralho! — Shoniqua e seu marido têm o melhor relacionamento que conheço; só posso concluir que é porque eles não têm filhos. Estão constantemente surpreendendo um ao outro com viagenzinhas de fim de semana e se enchendo de presentes. Eles se falam pelo telefone cerca de dez vezes por dia. Ultimamente, cheguei à conclusão de que preciso de um homem igual a ele para mim. Só que branco.

Os homens adoram a sinceridade de Shoniqua e sempre parecem encantados com ela. Ela é uma ótima parceira de crime porque eu não tenho que fazer muita coisa além de ser humilhada. Fomos aperfeiçoando nossa técnica de "ataque duplo" em várias ocasiões. Shoniqua conversava com minha presa sobre religião, sobre a terra natal de cada um e sobre seu marido, que era banqueiro. Eu entrava na conversa de vez em quando para reafirmar minha posição como futura parceira sexual, comentando a respeito de como as exposições da National Geographic sobre a natureza selvagem estavam começando a se parecer cada vez mais com episódios do *CSI: Miami*.

— Aí vem ele — disse Shoniqua. — Tente não foder com tudo.

Meu amante latino deu a volta e se sentou ao lado de Shoniqua. Ele tinha pelo menos um metro e oitenta de altura, olhos escuros pensativos e um meio sorriso sedutor. Eu sabia com toda certeza que tinha que transar com ele.

— Olá, damas — ele disse em seu sotaque de Antonio Banderas.

Não sei o que acontece com os sotaques que me fazem querer tirar a roupa e dizer "toca aqui" para mim mesma. Fico indefesa com qualquer sotaque — exceto o britânico. O sotaque britânico do meu ex-namorado era charmoso nos primeiros dois meses, principalmente porque eu não entendia uma palavra sequer do que ele dizia. (Era bastante parecido com o cara do programa *Caçador de Crocodilos*. Nos primeiros dois episódios você pensa: "Este cara é o máximo!" Mais dois episódios, e você quer se fantasiar de jacaré e arrancar a mão dele com uma mordida.) Depois que a lua de mel inicial com meu ex acabou, eu já estava a ponto de gritar: "Pare de falar desse jeito, cacete. Fale como eu. Tente, pelo menos!" Não é uma troca justa para alguém que nem sequer era circuncidado. Nunca entendi por que eles não circuncidam os homens em países da Europa; a maior parte deles acaba vindo para cá, de qualquer maneira.

O sotaque do meu pequeno Don Juan era sexy e pesado. Às vezes, suas palavras mal eram decifráveis. Mas isso também pode ter sido devido a meus tímpanos falhos, que estavam aderindo a meu fígado falho, o qual estava, sem dúvida, se perguntando por que eu seguia torturando-o: — Fígado — eu respondia —, só se vive uma vez, ou pelo menos eu só vivo uma vez, e você deveria ficar agradecido de poder me acompanhar.

Ele estava visitando Nova York, vindo do Peru, onde trabalhava como engenheiro mecânico. Aquilo não me interessou tanto quanto minha fantasia com ele capturando anacondas na Floresta Amazônica; portanto, preferi continuar com esta ilusão.

Ele não tirava os olhos de mim enquanto ele e Shoniqua conversavam, o que era meigo e tranquilizador, já que nós é que iríamos transar. Com seu jeito característico e cativante, Shoniqua praticamente dominou a conversa. Ela descobriu que aquela era a primeira visita dele aos Estados Unidos e que seu nome era Lupe. Eu sempre havia achado que Lupe fosse o diminutivo de Guadalupe, que era, eu achava, um nome feminino. Para evitar abordar isso na conversa e, assim, postergar o

AH, CALE ESSA BOCA!

momento em que as pessoas passam a me olhar com decepção nos olhos, pedi licença para me levantar e ir respirar um pouco.

Fui lá fora para filar um cigarro. Na esquina, um pouco além da porta, vi outra carinha linda. Minhas sete margaritas imediatamente assumiram o controle: — Ei, você. Chega aqui. Você poderia entrar comigo e fingir que é meu namorado? Tem um cara na nossa mesa que não quer ir embora e quero que ele ache que eu já estou comprometida — menti. Já estava na hora de conseguir reforços. Eu tinha que informar a Lupe que pedaço de mau caminho eu era.

Rebolei de volta à mesa, de mãos dadas com meu novo namorado.

Sentei ao lado de Lupe e os apresentei. Shoniqua me olhou com espanto e me chutou por baixo da mesa com um de seus pés enormes. Enquanto isso, eu olhava para um e para o outro, minhas duas opções, tentando decidir qual era mais bonito. Meu novo namorado não tinha sotaque e parecia ter vinte e um anos. Meu peruano ainda tinha seu sotaque e parecia ter uns trinta e cinco. Então, o pirralho mencionou ser promoter de rave e a batalha chegou ao fim: — Ainda existe isso? — perguntei. Eu não ia a uma rave desde os onze anos e, pelo que me lembrava, ficar acordada tomando ácido até as seis da manhã não era mole. Concluí que estaria melhor com o La Bamba.

Disse para o moleque dar no pé, já que ele havia cumprido nobremente seu compromisso comigo.

Lupe disse que iria ao banheiro. Para garantir que voltaria, perguntei a ele se queria outro drinque. Ele pediu um uísque com gelo. Nunca engoli essa história de almas gêmeas, mas, depois de ouvir aquele cara pedir a única coisa que adoro ver um homem bebendo, considerei a possibilidade de consultar as cartas do Tarô.

— Quem caralho era aquele outro cara, sua cabeça de bagre? — explodiu Shoniqua. — Agora você está querendo se exibir.

— Me desculpe, estou bêbada.

— Escute, estou sentada aqui me matando para conseguir esse cara para você, e você vai e empata sua própria foda. Ele gostou dessa sua bunda magricela caída, sei lá eu por quê, mas gostou; portanto, não faça nada estúpido. — Mordi minha língua. Não de propósito. Mordi de verdade a minha língua.

— Ai, merda, acabei de morder a lín...

— Cale a boca. Aí vem ele. Oiiiiiiiiiiiiiiiii! — guinchou Shoniqua. — Lupe, se você está pronto para dar o fora daqui, tenho uma festa ótima para a gente ir — ela disse com mais entusiasmo que uma vendedora de Tupperware depois de meia dúzia de Red Bulls.

Um dos amigos de Shoniqua estava lançando seu novo CD de hip hop e nós iríamos à festa. Normalmente teria sido divertido, mas eu definitivamente não queria deixar Lupe me ver dançando perto de pessoas negras.

— Por que não damos uma passada no hotel para nos refrescar um pouco? — sugeri a Shoniqua, dando-lhe aquele olhar de "se toca".

— Claro, claro, claro — ela disse, captando a mensagem.

AH, CALE ESSA BOCA!

Pagamos a conta e Lupe se ofereceu para dividir, mas eu nem quis ouvir falar disso, considerando o que o aguardava da minha parte: — Você pode pagar a minha parte também, perua — disse Shoniqua. Eu teria que ser uma anta para não prever aquilo.

Quando nos levantamos para partir, Shoniqua me sussurrou: — Já está tudo acertado, você vai conseguir o que quer, e eu vou à festa sem você.

— Está bem — eu disse. — Só finja que você vai voltar para o hotel junto com a gente, para não parecer óbvio demais. — Eu sempre supunha que qualquer pessoa com sotaque fosse automaticamente lerda para entender as coisas, quando na verdade era eu quem estava sempre fazendo papel de idiota.

Nós três tomamos um táxi, com Lupe no meio. Eu me virei e disse: — Acho que você vai *adorar* os Estados Unidos.

— Pode crer — disse Shoniqua.

— Duas mulheres tão lindas, eu tenho muita sorte — disse Lupe.

— Bem, Lupe, *é assim que a coisa rola por aqui* — disse Shoniqua.

Quando voltamos para o hotel, nos despedimos de Shoniqua e convidei Lupe para subir comigo ao meu quarto. Uma vez dentro do elevador, ele disse: — Nós não vamos à festa já, né?

— Na verdade, não iremos à festa — respondi.

Ele tinha um sorriso enorme no rosto e fiquei contente que ele estivesse feliz com aquela decisão: — Eu esperava ter um tempo a sós com você, para conversar — ele disse, olhando-me com seus grandes olhos de comedor. — Você estava supercalada durante o jantar. Mas tem um sorriso lindo... — ele hesitou. Parecia que estava procurando as palavras certas para dizer. Eu não tinha a noite toda; então, dei o primeiro passo.

Estávamos nos agarrando no elevador e a coisa estava quente — igualzinho aos filmes. E era um elevador bem bacana. Eu nunca havia transado num elevador e aquela parecia ser a oportunidade perfeita.

— Você tem camisinha? — sussurrei entre beijos.

— Uma o quê? — ele perguntou.

— Camisinha... preservativo.

— Ah — ele disse —, não, não, não, eu não estou portando uma camisinha.

Aquilo me pareceu tão fofo...

— Tudo bem — declarei: — Podemos sair e comprar algumas.

Ele parou de me beijar e pousou suas mãos no meu rosto: — Eu preferiria passar a noite com você conversando e me divertindo. Não precisa de camisinha. — Ele fez uma pausa e em seguida disse: — Não me sinto à vontade para passarmos nossa primeira noite... juntos.

— Escute, Lupe — eu disse —, esta é nossa *última* noite! Não crie esperanças. Está frio e estou cansada; portanto, tire da cueca a sua piñata e vamos começar a festa.

Eu não entendia o que estava acontecendo. Aquilo nunca havia me acontecido antes. É claro que já haviam me negado

AH, CALE ESSA BOCA!

sexo em certas ocasiões, mas geralmente envolvia um telefonema às três da madrugada.

—Você está chateada, não está? — ele perguntou.

Chateada? Eu estava puta da vida. Não podia entender por que um homem viajaria de férias aos Estados Unidos e não agarraria com unhas e dentes a oportunidade de ser virado do avesso por uma garota americana.

Eu sabia que não poderia dominar Lupe fisicamente, mas havia a chance de que ele perdesse um pouco de força, depois de mais alguns drinques. Eu não era muito fã de ficar por cima, mas épocas desesperadas requeriam medidas desesperadas, e parecia que eu teria que cavalgá-lo feito um pônei.

— Não estou chateada — disse a ele —, imagine. Isso é muito amável da sua parte. Vamos tomar uns drinques no meu quarto.

Peguei um copo d'água do banheiro e servi a Lupe um uísque duplo diretamente do frigobar. — Vamos virar tudo de uma vez — eu disse.

Começamos a nos beijar de novo, de pé, e daí caímos na cama. Depois de uns bons trinta segundos, tentei pegar seu croquete, mas ele me deteve: —Vá devagar, vá devagar — ele disse.

Aquele cara estava me irritando de verdade. Qual era o problema? Eu gostava da ideia de não ter pressa *na cama*, mas não de antemão. Depois que o tivesse deixado nu, rolaria de bom grado na cama durante horas, se ele quisesse.

— É sério que você não vai transar comigo? — perguntei.

Ele me puxou para si em uma posição de conchinha, a qual se pareceu estranhamente a um agarramento de luta livre.

Aquele cara iria me obrigar a beber... ainda mais. Perdi minha energia, agarrei o controle remoto e coloquei no Animal Planet.

A hora seguinte consistiu em ficarmos abraçadinhos, assistindo a oito idiotas competirem em desafios diferentes com animais. Eu já tinha ouvido falar de homens que ficavam com o saco inchado, mas não sabia que podia acontecer com uma mulher. Naquele momento, minha vagina já estava explodindo.

— Você quer ir àquela festa? — perguntei a ele.

— Na verdade, não, aqui está gostoso — ele disse e enterrou o rosto no meu ombro.

Esse cara era *muito* estranho. Quem se comportava daquele jeito? Qual era o objetivo de viajar, se você queria ficar num quarto de hotel e assistir à TV? Ele deve ter crescido no meio do mato, sem qualquer tipo de civilização, para achar que aquilo era se divertir. Eu estava me esforçando para pensar em formas de conseguir fazê-lo ir embora, mas estava exausta demais. Tentei peidar, mas não saiu nada. Então, ele começou a roncar.

Caí no sono logo depois de me resignar à ideia de que estava, de fato, dividindo a cama com alguém que não iria me comer. Aquele não era o final que eu havia imaginado para a noite. Em vez de sexo latino-americano fogoso, passei a noite inteira com Lupe se agarrando a mim feito um coala numa árvore. Ficar abraçadinhos enquanto estamos acordados é

AH, CALE ESSA BOCA!

legal, mas, quando estou dormindo, preciso de espaço. Eu acordava de hora em hora, tentando empurrá-lo para o outro lado da cama, mas ele dormia como uma pedra. Meu ombro começou a doer de ficar deitada de lado, mas não havia outra escolha; toda vez que eu me virava, tudo o que conseguia era um bafo quente no rosto. Eu estava à beira das lágrimas e pensei em chamar a segurança do hotel, mas não queria que Lupe terminasse em problemas.

Lá pelas sete da manhã, peguei o telefone do quarto, entrei no banheiro e liguei para o meu celular, o qual tinha colocado ao lado da cabeça de Lupe com o volume no máximo. Saí correndo do banheiro em pânico para atender meu celular e vi os olhos dele se abrirem levemente: — Alô? — atendi inquisitivamente. — Ah, não, verdade? Ah, é claro, só estou, só estou aaaah... está bem, estarei aqui. — Desliguei. — Merda! — gritei.

Lupe deu um pulo: — O que foi?

— Tenho uma reunião em dez minutos, e será aqui neste quarto. Você terá que ir embora. Eu sinto taaaaanto!

— Tudo bem, tudo bem, que tipo de reunião é? — ele perguntou.

Eu não estava preparada para que o inglês dele funcionasse de manhã tão cedo e fui pega de surpresa pela pergunta.

— É com o gerente deste hotel, na verdade. Shoniqua e eu estamos pensando em comprá-lo.

— Oh, não sabia que vocês estavam no ramo de imóveis. Shoniqua me disse que você era uma bailarina profissional.

Aquilo era novidade para mim: — Eu sou... uma bailarina... mas também compro prédios... hotéis, principalmente... e então os reformo e vendo. — Eu disse aquilo com tanta credibilidade quanto Pamela Anderson como salva-vidas.

— Ah, ok.... quando você acha que estará livre?

— Vai ser uma reunião longa — eu disse. — Por que você não me dá seu celular e eu te ligo hoje à noite?

— Pensei que talvez pudéssemos ir ao zoológico hoje — ele disse.

Aquilo não me surpreendeu, considerando sua afinidade por coisas em cativeiro: — Provavelmente não, mas eu te ligo mais tarde — respondi: Ele me disse que não tinha celular e pediu o meu número. Eu lhe dei o de Shoniqua.

Ele se vestiu e veio me dar um beijo de despedida, agarrando meu rosto pelo que pareceu uma eternidade. Ele simplesmente ficou ali, olhando nos meus olhos: — Eu tive uma noite linda.

— É, foi legal mesmo — eu disse.

Depois que ele se foi, tranquei a porta, dormi mais umas três horas, então vesti um roupão e fui direto para o quarto de Shoniqua.

— O que rolou? — ela perguntou ao abrir a porta.

— O que rolou? O que rolou? Não fomos eu e o Lupe, com toda certeza.

— O que aconteceu? — ela perguntou.

Deitei na cama com ela e lhe contei sobre minha noite de tortura: — Bem, perua, é isso que você ganha quando se mete com uma negona e a faz passar por idiota.

AH, CALE ESSA BOCA!

— Hã? O que você quer dizer?

— Pense um pouco, Magnum — ela disse, com um sorriso enorme no rosto. — Vocês, branquelas, não são as únicas capazes de pregar peças. Eu disse a Lupe que você só tinha três meses de vida e que esta viagem era nossa última farra. Expliquei que você tinha sido tratada terrivelmente pelos homens no passado e que seu último desejo era ser adorada emocionalmente, não sexualmente. — Ela fez uma pausa e acrescentou: — Também disse a ele que você tinha herpes. — Então ela explodiu numa risada maníaca e descontrolada.

— Isso não tem graça nenhuma, porra — repeti várias vezes, enquanto tentava controlar minha própria risada. Quando não pude mais, decidi ir para o meu quarto e rir em particular. Eu me recusava a dar a ela a satisfação de me ver achar graça da minha situação patética.

— Vá se foder! — gritei ao sair do quarto dela. — A propósito, ele quer ir ao zoológico hoje! — Gritei quando a porta se fechou.

Lupe telefonou para Shoniqua várias vezes depois de nossa viagem a Nova York para verificar como eu estava: — Vou ser honesta com você, Lupe — ela disse, no último telefonema —, ela não parece nada bem. Não parece bem mesmo.

História de Casamento

EU ESTAVA AO telefone falando com o consultório do meu médico e tentando colocar as mãos num pouco de Vicodin.

— Para que você precisa de Vicodin? — a enfermeira que atendeu perguntou.

— Estou com muita dor — menti. — Tive um pouco de azar no fim de semana.

— Sinto muito em saber disso, mas terá que ser mais específica, Srta. Handler.

— Está bem — eu disse. — Se você precisa saber, eu estava saltando de paraquedas e meu equipamento não abriu.

— Ah, meu Deus, você está bem? — ela me perguntou.

— Sim, estou bem, só estou com muita dor — eu disse a ela.

— O que... onde... como você aterrissou? — a enfermeira me perguntou.

— Em cima de uma árvore — respondi.

— Você foi a um hospital? Tem alguma coisa quebrada ou hematomas? — ela me perguntou.

— Não, praticamente só lesões internas, nada que se possa ver externamente. Também acho que estou sofrendo de síndrome de estresse pós-traumática, então pode ser que precise de uns soníferos.

Meu telefone avisou que havia uma chamada em espera e eu disse à enfermeira para ficar na linha.

Era minha irmã Sloane, cujo casamento aconteceria em dois meses.

— Você pode trazer um convidado ao casamento, se quiser — ela informou.

— Espere um pouco — eu disse e voltei ao primeiro telefonema para descobrir que a enfermeira tinha desligado na minha cara.

Voltei para Sloane: — Legal. Quem? — perguntei a ela.

— Eu não sei. Uma de suas amigas ou se você conhecer um cara que queira trazer.

A ideia de levar um carinha ao casamento da minha irmã era tão atraente quanto a de me unir aos Navy SEALs. Toda vez que eu levava alguém para conhecer meus pais, fosse apenas um amigo ou um namorado de verdade, minha família se sentia obrigada a me lembrar que eu tinha péssimo gosto para pessoas, e que eles preferiam quando eu estava sozinha. Todos eles concordavam que meus amigos da Califórnia eram superficiais e burros e que era melhor quando eu não os levava.

Minha irmã mórmon estava noiva de um ser humano normal, e parecia que ele estava ajudando a, lentamente, acabar com o feitiço que os mórmons haviam lançado sobre ela. O casamento de Sloane seria realizado em nossa casa de veraneio em Martha's Vineyard. Embora eu houvesse recentemente

HISTÓRIA DE CASAMENTO

saído algumas vezes com um cara de que gostava, não queria me envergonhar no terceiro encontro convidando-o para viajar até o outro lado do país para o casamento da minha irmã. Já que meu amigo gay Nathan me havia incluído em vários eventos e férias de sua família, parecia que havia chegado a hora de um pouco de reciprocidade. Meu pai nunca conhecera um gay pessoalmente e eu achei que aquela poderia ser uma grande revelação. Uma vez mais, eu estava dolorosamente equivocada.

Para constar, Nathan não é o típico homem gay. Ele não é tão obviamente homossexual quanto Harvey Fierstein, mas se você tiver um pouco de radar para gays — coisa que não tenho —, então não precisaria de mais que algumas noites saindo com Nathan para perceber.

Durante um longo tempo, não percebi que ele era gay, atribuindo a maior parte de seu jeito afeminado e idiossincrático ao fato de ele ser judeu. Ele é alto e bonito, fanático por esportes e masculino em vários aspectos — exceto quando tem uma discussão verbal, caso em que se transforma em uma garotinha de oito anos.

Nathan e eu somos amigos há muito tempo. Conheci-o quando eu tinha dezenove anos e consegui meu primeiro emprego servindo mesas no Morton's, um restaurante em Los Angeles. Ele me treinou no meu primeiro dia e, quando derramei um copo de vinho tinto numa mulher que tinha mais delineador nos olhos que Liza Minnelli, ele me assegurou de que o futuro me reservava muito mais que aquilo.

Levar Nathan à minha casa, no entanto, não foi o golpe de gênio que eu imaginava. Minutos depois de tê-lo apresentado à minha mãe, ele se sentou à mesa de nossa cozinha e disse a ela que estava faminto, por conta da viagem: — O que eu poderia preparar para você, querido?— ela perguntou. —Temos frios, salada de batata, posso esquentar um pouco de chili...

— Vou querer quatro ovos não muito moles, sem nada de óleo ou manteiga. Também vou querer um sanduíche de peru com pão de multicereais e um pouco de mostarda... Dijon, se você tiver.

Eu não tinha certeza de como interpretar o comportamento de Nathan, mas senti que precisava defender minha mãe.

— Isso é tudo, ou você também gostaria que ela te preparasse um filé-mignon com molho madeira? — perguntei.

— Oh, me desculpe — ele disse. — Estou com tanta fome que mal consigo pensar direito.

— Chelsea — disse minha mãe em tom desaprovador. — Não seja boba, é um prazer — ela mentiu.

Meu irmão Greg entrou na sala de estar da casa ainda de cueca e camiseta, bocejando e coçando a nuca. Foi então que nosso cão Whitefoot e meu pai, que vestia um agasalho esportivo Sean John e botas de tecido, entraram pela porta deslizante de vidro que dá para o deque dos fundos. Também foi então que Nathan começou a guinchar como um leitão.

— Oh, meu Deus do céu, olhe só esta criatura linda — ele disse, correndo até Whitefoot. Ele caiu de joelhos e começou a acariciá-lo de forma incontrolável. — Sim, sim, você gosta disso, seu monstro de cachorro, cachorrão, cachorrão, não gosta? Você gosta disso? Gosta sim, gosta sim, gosta, gosta,

HISTÓRIA DE CASAMENTO

gosta! Eu já amo você, amo sim, amo sim. Você me ama? Eu acho que ama sim! — O rabo de Whitefoot se sacudia e ele lambia, como um maníaco, Nathan, cuja boca também estava aberta. Não precisava muito para excitar Whitefoot e eu sabia que seu pingulinho minúsculo já estava a todo vapor.

— Que criatura maravilhosa! — Nathan arrulhou, na voz que uma mãe usaria para falar com uma criança pequena. Whitefoot é um vira-lata comum, com a capacidade de se sentar quando mandam — um cão dócil, mas nada com que enlouquecer. Nathan não era um cara exibicionista e eu nunca o vira agir daquela maneira.

Meu pai observou a cena com desgosto. Então, pigarreou alto. Nós não tínhamos começado muito bem. Greg, enquanto isso, olhava com um sorriso enorme no rosto. Ele adorava ver como nosso pai reagia a qualquer pessoa que fosse um pouco diferente. Depois de deixar que Whitefoot estuprasse seu rosto por mais dez segundos, Nathan se levantou e se aproximou do meu pai com os braços abertos. Meu pai, em vez disso, deu um passo para trás e estendeu a mão.

Greg já havia se encontrado antes com Nathan, numa visita a Los Angeles, e lhe deu um abraço de urso.

— Isto vai ser fantástico — Greg me disse a caminho da cozinha.

Depois que Nathan terminou de comer o pequeno banquete que minha mãe lhe havia preparado, perguntou qual era seu quarto e, então, rapidamente trocou suas roupas pelas de corrida. Era o começo da tarde e todo mundo estava na praia, então, nossa casa normalmente caótica, ocupada por meus cinco irmãos, seus respectivos cônjuges e meia dúzia de filhos, estava vazia e extraordinariamente silenciosa.

Dei a Nathan indicações de onde ir correr, optando por ficar em casa e consertar um pouco o estrago.

Assim que a porta da frente se fechou e Nathan foi dar sua corrida, meu pai levantou os olhos do jornal que estava lendo. Ele me lançou um olhar furioso, com seus óculos de leitura equilibrados na ponta do nariz.

— Bem, parece que Chelsea trouxe outro descontrolado para casa — ele disse à minha mãe.

Eu precisava mudar de assunto rapidamente por medo de que o humor já tênue do meu pai ficasse pior. Então, perguntei-lhe se o jardineiro havia acabado de preparar o gramado para o casamento.

— Sim, ele terminou — disse meu pai, desinteressado. — Eu disse a ele para pegar uma daquelas tílias como pagamento.

— O quê? — perguntou minha mãe.

— Aquelas tílias. Nós temos duas e elas são originárias da Alemanha. Muito raras.

— Melvin — disse minha mãe —, como você supõe que ele pegue uma das nossas árvores?

— Simples — disse meu pai. — Ele só precisa cortá-la e carregá-la num caminhão. Não é grande coisa.

O rosto de Greg se iluminou. Ele se deliciava com todas as manobras comerciais do meu pai. Ele é da opinião de que meu pai é absolutamente insano e que opera num plano de existência completamente diferente.

— Por que o jardineiro iria querer uma das nossas árvores? — Greg perguntou inocentemente.

HISTÓRIA DE CASAMENTO

— Essas árvores são muito valiosas, Greg. Elas valem cerca de mil e quinhentos dólares. Quem *não* iria querer, essa é a pergunta.

— Certo — disse Greg —, mas nosso jardineiro está no ramo de venda de árvores? Uma árvore não é algo que simplesmente se leva ao mercado e vende.

— Não tenho certeza — meu pai disse e voltou ao seu jornal.

— Bem, quando é que ele vai cortar a árvore? — minha mãe perguntou.

— Não sei, ele vai arrumar uns caras e alugar um caminhão — ele respondeu.

— Bem, não antes do casamento, espero — ela completou.

— Talvez, se tivermos sorte, ele virá serrá-la bem no meio da cerimônia — declarou Greg.

— Não, ele não faria isso — meu pai retrucou, como se meu irmão estivesse falando sério.

— Será que haverá uma guerra de ofertas no eBay? — indagou Greg.

— Se ele quiser vendê-la no eBay, deixe que ele venda no eBay, que me importa? Só sei que esse cara está enriquecendo feito um bandido! — disse meu pai.

Fui para o meu quarto, me troquei e desci para encontrar minha irmã e seu noivo. Eles tinham ido visitar alguns amigos que estavam na cidade para o casamento.

— Olhe só que corpo — meu pai disse, ao me ver de biquíni. — A coisa vai esquentar esta noite!

Então ele cutucou minha irmã e disse: — Olhe que corpo de violão. É uma destruidora de corações, essa aí.

Sloane reagiu com aversão, como sempre fazia: — Esta é sua filha, pai. Não se supõe que você elogie o corpo dela.

Eu discordava. Eu gostava de elogios e não me importava de onde vinham. Além disso, meu pai sempre nos elogiava a ponto de nos envergonhar, só para se virar, no minuto seguinte, e dizer algo do tipo: "Existem mulheres que não se casam antes dos quarenta".

— O pai tem uma queda por você, e eu acho isso nojento — disse Sloane.

— Eu amo todas as minhas filhas igualmente — ele anunciou. — Uma é mais bonita que a outra!

— Ah, é? E onde é que eu fico nessa classificação?

— Na ponta — eu disse a ela.

Meu pai se virou para mim: — Você tem muito *chutzpah*, muita audácia, meu bem. Os homens sempre irão reagir a isso. Você é uma dessas garotas que podem fazer tudo sozinhas. Fazer fortuna, ter uns filhos... construir uma casa.

— E com quem ela deveria ter filhos, pai?

— Com qualquer um! É isso que as mulheres estão fazendo hoje em dia. Ela é uma espertalhona, essa sua irmã — ele disse a Sloane, então olhou para mim. — Mas você tem uma boa cabeça sobre os ombros e muitos homens acham isso intimidante. É por isso que você tende a arrumar loucos varridos como esse seu amigo Nathan.

— Sloane, você soube da novidade? — Greg perguntou.

— Sim — eu me meti, ignorando meu pai. — Você não precisa pagar o bufê amanhã, pode simplesmente dar-lhes uma de nossas árvores. Elas são muito raras.

HISTÓRIA DE CASAMENTO

A porta se abriu e Nathan entrou, suando em bicas devido à sua corrida.

— Este lugar é lindo, meu Deus, Melvin, como é lindo — ele disse a meu pai. Então, viu Sloane: — Você deve ser a Sloane Baloney! Ebaaa! — ele gritou e correu para abraçá-la.

Meu futuro cunhado se escafedeu pela porta de trás assim que viu que o abraço viria para o seu lado. Meu pai desceu o jornal um centímetro abaixo de seus olhos, observando Nathan como se fosse um detetive de vigia.

— Sylvia, eu adoraria um smoothie.

— Ei, idiota — sussurrei —, aqui não é o Jamba Juice.

— Chelsea, eu ouvi isso — disse minha mãe. — Eu adoraria fazer um smoothie para Nathan.

— Bem, então é melhor você preparar um para o Whitefoot também — meu pai disse e murmurou alguma coisa baixinho.

Depois de tomar uma ducha de quarenta minutos, de então jogar suas roupas de corrida em cima da máquina de lavar e pedir à minha mãe para não lavar o short junto com a camiseta, Nathan pegou nosso telefone e foi para o quarto onde dormiam todas as crianças pequenas.

Rapidamente, saí para o deque para evitar maiores discussões com meu pai. Meia hora depois, quando voltei a entrar, Nathan estava tendo uma discussão em voz alta com seu corretor de apostas/amante, a qual meu pai estava escutando pela babá-eletrônica da minha irmã, que ele segurava a centímetros do ouvido. Meu pai se levantou, me agarrou pelo cotovelo e me arrastou para a cozinha.

— Você sabe o *shnorrer* que ele é? — ele me perguntou.

165

— Pai, qual é o problema com você? — perguntei.

— É a palavra iídiche para aproveitador. Esse seu amigo *faygeleh* é a clássica definição de um aproveitador, e eu não estou gostando dele nem um pouco. Quando é que ele vai sair da droga do telefone? Nós temos que organizar um casamento para aquela sua irmã mórmon e o celular não pega aqui. Que espécie de *mishigas* é esta? — *Mishigas* é outra palavra iídiche, para baboseira. — Você sabia que ele tem um corretor de apostas? Onde esse cara cresceu, na selva?

— Solte meu cotovelo, pai.

— Eu não estou gostando nem um pouco disso. Agora, diga-me a verdade, ele é delirante? — meu pai perguntou, com toda a seriedade. Aquela era a forma de ele perguntar se Nathan usava drogas.

A verdade verdadeira era que Nathan usava todo tipo de droga, mas eu não podia imaginar que ele tivesse tomado um avião para vir ao casamento da minha irmã com um pacote de cocaína enfiado no reto. E, até onde eu sabia, ele não tinha feito nada além de beber, antes do casamento. O *modus operandi* de Nathan é farrear durante semanas a fio, mas, depois, ficar limpo por alguns meses. Quando *está* na fase da farra, Nathan tem o costume de ficar acordado a noite toda, drogado até as orelhas, e então ligar para mim ou para outro de nossos amigos às sete da manhã, quando então aborda assuntos como, por exemplo, por que no Banco Imobiliário a Avenida Baltic é mais barata que a Ventnor, embora na realidade seja um local melhor. Também há intervalos de silêncio — se não contarmos as vezes em que ele está rangendo os dentes, ou o

HISTÓRIA DE CASAMENTO

som de sua persiana batendo enquanto ele fica parado na frente da janela, procurando policiais. Sempre quero desligar, mas fico com medo de que ele possa engolir a própria língua.

— Pai! — protestei inocentemente. — Nathan não usa drogas. Pare de agir desse jeito. Seja simpático com ele! — Quando meu pai não gosta de alguém, não é preciso ter percepção extrassensorial para notar. Ele tem a sutileza de um elefante; só é preciso um instante de contato visual. E, embora tivesse havido um tempo em que era divertido vê-lo se irritar, há muito eu já passara dos anos dourados de sentir total e absoluto júbilo em decepcionar meu pai. Por volta dos vinte e quatro anos, percebi que estava apenas buscando aquele barato inicial que se tem na primeira vez em que você diz a seu pai, aos dezesseis anos, que está grávida e que está pensando em ficar com o bebê.

— Apenas o mantenha longe da sua mãe e longe de Whitefoot — meu pai ordenou. Greg entrou na cozinha precisamente quando meu pai disse isso.

— Claro, Chelsea, acho que essa é uma boa ideia. A não ser, é claro, que o Whitefoot tenha trazido camisinhas — disse Greg. Meu pai odeia o senso de humor do meu irmão ainda mais que o meu. Ele nos olhou com repulsa e caminhou em direção a umas moitas: — Ah, olha, o pai foi se aliviar. Que encantador! — Greg disse, quando olhamos para fora e vimos meu pai abrir o zíper da calça.

Depois que Nathan desligou o telefone, sugeri que fôssemos à praia. Ele disse que preferiria sentar-se no deque e curtir a vista.

167

Mais membros da minha família logo começaram a chegar e esperei que isso pelo menos desviasse um pouco da atenção em Nathan. Por sorte, minha irmã Sloane gostou dele. Ele estava entupindo-a com uma quantidade ridícula de elogios, e Sloane estava caindo feito um patinho. Se ele não a estivesse elogiando por seus "profundos olhos azuis", era pela forma como os dedos de seu pé eram todos do mesmo comprimento. Aquilo lhe deu a chance de perguntar a ele uma coisa depois da outra sobre ser membro da Aliança Gay e Lésbica contra a Difamação.

Eu tinha a esperança de que meu pai fosse se encantar com Nathan, assim como a maioria das mulheres, mas nem ele, nem nenhum dos meus irmãos, queria saber dele. Fiquei envergonhada por tê-lo trazido à minha casa e decepcionado minha família. A verdade era que Nathan estava *realmente* se comportando muito mal. Ele estava exagerando a respeito de tudo e falava sem parar, mal permitindo que alguém mais fizesse um comentário. Eu continuava tentando levá-lo para fora, para longe do meu pai, mas, quanto mais Nathan sentia que não o estava conquistando, mais forçava a barra. Quando não estava elogiando meu pai pela sorte que ele tinha de ter esperma suficientemente forte para produzir seis filhos saudáveis, estava pedindo comida à minha mãe como se estivesse numa lanchonete vinte e quatro horas. Ele estava lá há apenas um dia e já havia consumido quase seis refeições diferentes, todas requisitadas sem nenhuma gota de óleo ou manteiga.

HISTÓRIA DE CASAMENTO

— Por que não vamos até a cidade para tomar um drinque? — ofereci, guiando Nathan, pela décima vez, em direção à porta.

— Por que abandonar este paraíso? — ele disse, escapando das minhas mãos. — Tudo que precisamos está aqui.

— Não sei, Nathan, talvez porque você esteja agindo como um idiota, e minha mãe não seja sua chef particular.

— Sobre o que você está falando?

— Só baixe um pouco a sua bola, tá?

— Sloane me adora e o Whitey também. Como você pode dizer isso?

— É Whitefoot! E meus pais não ligam a mínima para quem ele gosta.

— Você está sendo dramática demais! — ele disse e me deixou sozinha lá fora.

Por volta das oito da noite, não me restou opção além de diluir dois Tylenol Noite na margarita dele. Uma hora depois, ele estava na cama.

No dia seguinte era o casamento da minha irmã, e Greg me acordou para dizer que Nathan já havia falado ao telefone com seu corretor por mais de uma hora.

— Agora ele está lá fora passeando em um dos caiaques. E o pai o está observando com o binóculo. O pai pode ter um ataque a qualquer instante — disse Greg, animado.

Desci correndo a escada até a cozinha, onde minha mãe estava fazendo panquecas de blueberry.

— Docinho, acho que você deveria manter seu amigo Nathan fora das vistas do seu pai quando ele voltar — disse minha mãe. — Seu pai está a ponto de parir um filho. Fiz uma lista de coisas de última hora que Nathan poderia ir comprar na cidade.

— Ok — eu disse. — Desculpe, ele normalmente não é assim.

Meu pai entrou: — Eu não vou conseguir segurar minha língua por muito mais tempo.

— Pai, por favor, me desculpe. Não diga nada a ele. Ele teve uma vida difícil, o pai costumava bater nele.

— E não sem motivo! — exclamou meu pai.

Ele enfiou uma blueberry na boca: — Bem, esperemos que ele vá de caiaque até a Califórnia, de onde saiu. Ou, se tivermos sorte, uma neblina densa surgirá e ele não poderá encontrar o caminho de volta. Quero que ele fique longe das minhas vistas. Você escolheu um verdadeiro campeão, Chelsea, um vencedor.

Obviamente, meus pais haviam tido uma conversa sobre as vistas do meu pai.

— Por que, dentre todos os seus amigos esquisitos de Los Angeles, você escolheria trazer um cara gay? Está tentando me dizer alguma coisa? — ele disse ao me cutucar com um jeito brincalhão. — Nossa pequena Chelsea não é lésbica, é?

— Não, pai, eu não sou lésbica. Eu durmo com homens o tempo todo — respondi e fui para fora.

Uma hora depois, eu estava fazendo chapinha no cabelo da minha sobrinha de dois anos quando Nathan entrou no quarto, suando em bicas e fedendo a tequila: — Sloane e eu acabamos de reescrever os votos dela — ele disse.

HISTÓRIA DE CASAMENTO

— Do que você está falando? — perguntei.

— Eram bons, mas não ótimos — ele respondeu. — Eu a fiz apimentá-los um pouco.

— Você já está bêbado? Está fedendo a tequila.

— Não, não, estou bem. Só tomei uma dose — ele me disse. — Seu pai me pediu para arrumar as cadeiras para a cerimônia. Acho que ele gosta de mim!

Era hora de que todas as damas de honra ajudassem Sloane a se arrumar. Depois que nos vestimos, ela pediu para ficar sozinha com Nathan antes de caminhar até o altar. Apesar de estar contente que alguém da minha família estivesse reagindo positivamente a ele, não tinha certeza sobre que tipo de aliança eles haviam forjado, tão profunda, cujo resultado era que eu não iria compartilhar o momento mais importante da vida da minha irmã.

Circulei por nossa propriedade verificando isso e aquilo e tentando manter meus peitos dentro do vestido que minha mãe tinha feito para mim. Ela fez para cada uma das damas de honra um vestido do mesmo material. Eu, é claro, acabei sendo a única a parecer uma prostituta.

Por ser mórmon, Sloane nunca havia usado drogas e raramente tomava bebidas alcoólicas. Então, ficou claro para qualquer um que a conhecesse que ela, ao cambalear até o altar, estava intoxicada. Seus votos novos incluíam frases de três músicas diferentes do Grateful Dead. Depois que ela disse: "E você é tão inteligente que poderia ser um livro didático", minha irmã Sidney cochichou no meu ouvido: — De que raio ela está falando?

Quando a cerimônia terminou, tivemos uma fila de cumprimentos no deque de frente para a água. Sloane ergueu uma taça de champanhe, derramando um pouco no chão. Meu pai a interceptou. Agarrou a taça, foi para dentro e a derramou na tigelinha de Whitefoot. Então me mandou pegar um pouco de cidra espumante, em vez de champanhe.

Quando a festa já estava rolando, procurei minha mesa e me sentei ao lado de Nathan.

Nathan deu uma piscadela e apontou entre suas pernas. Ele tinha roubado uma garrafa de tequila Cuervo do barman e a escondera embaixo da nossa mesa, onde poderíamos ter acesso a ela mais rapidamente. Aparentemente, a caminhada de seis metros até o bar era longa demais para ele ― e ele não queria perder um minuto em que poderia estar dando em cima do meu primo heterossexual sentado a seu lado. Meu primo Neil, que tinha vindo de Nova York, pediu licença educadamente e foi embora, levando consigo o cartãozinho com seu nome que marcava seu lugar à mesa.

Nathan já estava suando como um lutador profissional quando pediu à garçonete sua terceira lagosta: ― O que você tomou? — perguntei a ele. — Está pingando.

― Nada, sua bobinha! Só estou me divertindo. ― Concluí que ele ficaria ocupado com sua garrafa, então me levantei e fui socializar um pouco. Meu pai veio até mim e perguntou se Nathan achava que estava no restaurante Red Lobster.

― Escute, pai, ignore-o. Divirta-se. Olhe! — apontei. ― Sloane quer dançar com você.

Não fazia nem trinta segundos que Sloane e meu pai estavam dançando quando Nathan surgiu na pista de dança

HISTÓRIA DE CASAMENTO

rebolando e entrou no meio dos dois. Eu passei por três mesas e atravessei o salão a tempo exato de tirar Nathan do espaço pessoal do meu pai.

— Pare com esta merda — eu disse entre os dentes trincados, enquanto sorria para qualquer um que estivesse observando. — Vá dar uma volta — ordenei. — Uma volta bem longa.

— Eu gostaria de fazer um brinde — foram as palavras seguintes a saírem da boca de Nathan.

Ele começou a bater em seu copo de tequila com uma faca. Fechei meus olhos em pânico: — Isso é em nome de Chelsea e de mim — ele gritou.

Meu irmão Greg gritou ainda mais alto: — Vamos ouvir! — quando a música e a conversa pararam de repente.

— Eu só quero dizer que nunca me senti tão bem-vindo na casa de alguém quanto na do Sr. e da Sra. Handler. Este lugar é uma trégua para meu estilo de vida ocupado e caótico de Hollywood, onde sou produtor musical. Também me interesso pela boa forma. De todo modo, não há nada mais bonito que ver uma mórmon e um cristão não praticante se casando numa festa judaica. Vale tudo no amor e na guerra.

Então, ele agarrou sua garrafa de tequila embaixo da mesa e saiu da festa tropeçando.

Cerca de uma hora depois, principalmente temendo pela segurança de Whitefoot, caminhei pela casa procurando por Nathan, sem encontrá-lo. Encontrei o Whitefoot. Ele estava amarrado a uma árvore no outro lado da casa, comendo uma lagosta que meu pai, sem dúvida alguma, havia lhe dado.

Chelsea Handler 🐩 *Minha Vida na Horizontal*

Ao lado, havia uma tigelinha com manteiga derretida para molhar a lagosta.

Por volta das oito da noite, quando a festa já estava chegando ao fim, entrei no porão para usar o banheiro. Foi ali que encontrei Nathan fumando maconha com meu primo Kevin, de treze anos. Ele não conseguia entender o que havia de errado com a situação e por que eu estava sendo tão chata.

Eu não entendia como uma pessoa podia se comportar de forma tão inadequada na casa dos pais de alguém. Eu havia me comportado como uma dama, o alter ego de Emily Post, ao visitar os pais de Nathan e nunca sequer falei palavrão na frente deles, quem dirá consumir uma garrafa inteira de tequila pura. Xinguei-o durante mais ou menos cinco minutos, então agarrei meu priminho, dei um tapa no baseado dele e comecei a subir as escadas. Eu disse a Nathan que ele não tinha permissão de sair dali pelo resto da noite, ao que ele perguntou: — E a minha lagosta? — Fui até nossa mesa, peguei seu prato com a lagosta e, enquanto descia as escadas para o porão, peguei a lagosta com a mão e joguei na cabeça dele. Ele respondeu com um grito que se parecia muito com o de um gato numa orgia.

Ele acordou na manhã seguinte no jardim da frente com meu pai molhando-o com a mangueira.

— Você vai perder seu avião — disse meu pai. Eu ainda estava tão aborrecida pelo comportamento de Nathan que fiz Greg levá-lo ao aeroporto quatro horas antes do necessário. Quando meu irmão voltou, anunciou a todo mundo que estava na sala de estar, com um sorriso enorme no rosto: — Bem, não temam, parece que Robert Downey Junior partiu sem nenhum problema. Vamos ter que ligar a TV no noticiário depois, para saber se o avião dele aterrissou em segurança ou se ele acabou sequestrando-o.

— Cale a boca — eu disse. — Ele não é assim normalmente.

— Acho que todos podemos concordar que Chelsea não deve mais trazer ninguém a nenhuma reunião de família, a não ser que estejam noivos e a ponto de se casar. — Meu irmão sabia que as chances de que eu ficasse noiva eram tão prováveis quanto a de lançar um CD de hip hop.

Minha mãe ergueu os olhos da brincadeira com a minha sobrinha e disse: — Acho que Greg tem razão, meu doce. Talvez seja mais divertido quando temos você só para nós. — Minha mãe sempre dava um colorido diferente às coisas para fazer com que parecesse que todas as decisões eram tomadas tendo por base o quão divertido era estar perto de você. Eu nunca mais queria trazer ninguém, de qualquer jeito. Havia muitos maus-tratos por parte dos meus irmãos e do meu pai para que eu suportasse dois eventos seguidos.

— Você deveria escolher melhor suas companhias — advertiu meu pai. — Você tem uma queda pelos malucos. Você é uma menina bonita, e eu detestaria vê-la desperdiçando esse corpinho.

À Deriva

DÃ-DÃ ME PERGUNTOU se eu queria viajar num cruzeiro na noite de Réveillon. Eu nunca havia estado numa viagem oceânica antes e hesitava, porque Dã-Dã é tão divertida quanto um campeonato de bocha. Sua ideia de diversão era ir ao California Pizza Kitchen e pedir duas entradas em vez de uma. Porém, em minha eterna missão de conseguir que seu hímen de vinte e oito anos fosse rompido, concordei.

— Só iremos eu e você — ela disse.

— Nem fodendo — eu disse. — Vou convidar Ivory e Lydia também.

— Tá — ela disse —, mas elas não vão querer ir comigo.

Dã-Dã tinha razão. Tanto Lydia quanto Ivory me disseram que preferiam passar o Réveillon num show do Michael Bolton e que eu era uma idiota por ter concordado em ir. Depois de ouvir suas recusas totalmente racionais, repensei sobre minha decisão e tentei me livrar do trato dizendo a Dã-Dã que eu tinha a grande oportunidade de alimentar os sem-teto no

Réveillon e que teria de cancelar a viagem. Uma hora depois, encontrei Dã-Dã chorando em seu quarto. Odeio quando as pessoas choram, principalmente quando é por minha culpa, então não só concordei em ir com ela, como acabei pagando por sua viagem. Quem é a dã-dã agora?, pensei.

Desde o início, Dã-Dã já estava animada por demais sobre a viagem. Foi só sobre isso que ela falou durante as três semanas seguintes. Ela não parava de tagarelar sobre o quanto a gente iria se divertir e todos os caras gostosos que iríamos conhecer. Eu a fiz me prometer que iria pelo menos deixar alguém pegar nos peitos dela ou, então, eu diria a todo mundo no navio que ela ainda era virgem.

— Você que não se atreva! — ela gritou. — Eu te mataria! Você acha que vou conhecer alguém? Você acha? E se eu conhecer meu marido no cruzeiro? Vai ser tão romântico!

Ela fazia um desfile de moda após outro no nosso apartamento, exibindo sarongues e diferentes partes de cima de biquíni.

— O que você acha? Você prefere o sarongue de bolinhas ou aquele com as estampas de sol?

Ela era cansativa. Eu estava com mais aversão àquele cruzeiro idiota do que sentira ao curso de reciclagem para motoristas infratores. Não ajudava em nada o fato de que Lydia e Ivory tivessem planos de ir à Aspen esquiar com Hugh Grant.

Em sua apresentação final na passarela, ela exibiu a parte de cima de um biquíni com algo que se parecia muito a um short curto de moletom dois números menor do que ela deveria usar. Se ela saísse com aquilo, eu teria que começar a chamá-la de "Capô de Fusca".

— Escute aqui, Capô de Fusca, digo, Dã-Dã — expliquei —, haverá um monte de oportunidades neste cruzeiro para você conhecer alguém, então quero que você prepare alguns tópicos para puxar conversa.

— Eu sei como falar com as pessoas, Chelsea — ela respondeu.

Aquilo não poderia estar mais longe da verdade. As únicas pessoas com quem Dã-Dã conseguia se relacionar eram crianças e adultos lerdos. E, a não ser que alguém tivesse assistido a todos os episódios de *The Bachelor* ou de *A Wedding Story,* Dã-Dã estaria em problemas com relação aos assuntos. Ela assistia a reality shows o tempo todo, e não só aos episódios originais, mas também às repetições dos mesmos episódios, e, se o TiVo* não gravasse algo que ela já houvesse visto, ela telefonava para seu pai para perguntar se ele poderia dar um jeito naquilo, lá de Nova Jersey. Eu tinha assistido a *The Bachelor* uma vez e decidi que queria fazer minha própria versão do programa. Envolveria a mim transando com todos os concorrentes e, daí, eliminando-os com base no tamanho do pênis. Então, durante a cerimônia das rosas, eu usaria um vestido brilhante de cetim Nicole Miller, de preferência na cor berinjela, e diria: "Leroy, Tyrone e Jamal, vocês aceitam esta rosa?".

Eu não estava nem um pouco ansiosa por aquela viagem e, quanto mais nos aproximávamos do Réveillon, melhores pare-

---

* O TiVo é um sistema de gravação digital automática de programas de TV muito utilizado nos EUA. (N.T.)

ciam os planos de todas as outras pessoas: ⁓ Vai ser incrível, nós vamos conhecer um monte de caras ⁓ dizia Dã-Dã, *ad nauseam*.

— Cale essa boca! Você fala como se fôssemos a um zoológico de homens. Se você tiver tanta expectativa, só irá se decepcionar — eu disse a ela. Eu tinha muito *pouca* expectativa e sabia que iria definitivamente me decepcionar. Além disso, não sabia se conseguiria sobreviver a tanto tempo a sós com Dã-Dã. Sua empolgação despertava um lado meu assustadoramente violento. Eu me esforçaria muito por não gritar com ela, mas era um desafio constante, e eu nunca havia ficado junto a ela por mais que umas horas.

— Adivinha! Você vai enlouquecer! — explodiu Dã-Dã. Ela acabara de voltar da agência de viagens com nossas passagens. — É um cruzeiro alcoólico e vamos para Ensenada!

Eu esperava nunca mais voltar para Ensenada. Não é um lugar que se queira visitar duas vezes. Eu estivera lá há alguns anos em uma aventura de uma noite com dois caras que conheci num bar, na mesma noite, e me lembrava de não ter comido nada durante vinte e quatro horas. A cidade inteira cheirava mal e não sou muito fã de comprar mantas e parcas que tenham sido colocadas no chão. Não entendia a mentalidade dos mexicanos e me perguntava como eles poderiam estar tão próximos da civilização e, ainda assim, não conhecerem as tortillas rígidas para taco.

— É um cruzeiro alcoólico! — ela gritou novamente.

— Você nem sequer bebe — eu a lembrei.

— Bem, eu beberei, se é um cruzeiro alcoólico. Vai ser a coisa mais divertida do mundo!

À DERIVA

Pedi licença, fui para o meu quarto e telefonei em pânico para a minha mãe.

Expliquei a ela que, se eu continuasse naquele desespero, eu sabia que acabaria machucando Dã-Dã psicologicamente ou, o que era mais provável, fisicamente. Também admiti ser uma fumante de meio período e disse que seria obrigada a fumar mais se me forçasse a viajar de férias com Dã-Dã. Minha mãe me disse que a vida não era só satisfazer a si mesmo e que, às vezes, temos que fazer coisas única e exclusivamente em benefício de outro ser humano. Eu concordava completamente com ela, mas lembrei-lhe de que era para isso que serviam os boquetes. Ela disse que Dã-Dã era uma virgem de vinte e oito anos que estava considerando aquela viagem como as melhores férias de sua vida, e que eu precisava ter uma atitude positiva, em vez de ficar de mau humor e pensar em coisas desagradáveis. Achei curioso que minha mãe pudesse ter uns insights tão sábios, mas que, ao encontrar um baseado no meu quarto anos antes, houvesse explodido: "Ah, isso é fantástico mesmo! Quer dizer que agora você está fumando cigarros?". Minha mãe continuou dizendo como eu tivera sorte em ter sido exposta a tantas coisas e que deveria apoiar as pessoas que não tinham tanta cultura. Ela fez parecer como se eu fosse uma debutante que havia sido aceita na Sorbonne e Dã-Dã tivesse nascido na estrada para Nova Jersey. Gostei daquela suposição e decidi adotar uma nova atitude.

É engraçado como as coisas funcionam: se você finge estar animada com alguma coisa com a qual não está, no fim acaba acreditando nisso. Dentro de alguns dias, eu estava absolutamente extasiada, falando sobre as aventuras que teríamos a bordo do nosso navio. Nem pisquei quando ouvi Dã-Dã mencionar que iríamos pela empresa de cruzeiro Carnival. — Parece ótimo! — eu disse com os dentes rigidamente trincados; eu não iria me permitir dizer nada de negativo sobre a empresa de cruzeiros ou sobre aquela maníaca da Kathy Lee Gifford.

Comecei a imaginar todos os salões de baile por onde eu poderia exibir meus novos sapatos Roberto Cavalli. Eu não tinha um vestido para usar com eles, mas esperava encontrar algo na Express. Imaginei um episódio maravilhosamente romântico do *Barco do Amor*. Eu estaria na área da piscina tarde numa noite estrelada, usando um vestido de baile e procurando pela Ursa Maior, quando um sósia do Leonardo DiCaprio se aproximaria e me agarraria por trás. Nós estaríamos na proa e abriríamos os braços para o mar e eu gritaria: "Você é o rei do mundo!"

E quem sabia que tipo de atividades excitantes ao ar livre eles teriam? Todo mundo havia me falado sobre toda a comida maravilhosa dos cruzeiros; eu mal podia esperar para me acabar de comer carneiro e lagosta fresca. Dã-Dã me perguntou se eu achava que eles tiravam os peixes diretamente do mar e daí serviam no barco à noite: — Provavelmente — respondi. — Parece a coisa mais lógica a se fazer.

Eu acreditava naquele cruzeiro e sabia que seria divertido. Fantasiava sobre todas as ligações amorosas que seriam estabelecidas nos diferentes andares do navio. Pessoas entrando e saindo das cabines no meio da madrugada, caminhando pelo

À DERIVA

carpete de veludo vermelho, enquanto na cobertura, no Grande Salão de Baile, eu estaria encerrando o baile com meu novo sósia do Leo, bailando a uma execução cover de "Give Me All Night", de Carly Simon.

Dã-Dã até concordou em comprar um livro para o cruzeiro — algo que ela pudesse ler enquanto relaxássemos na piscina, entre um mergulho e outro. Fomos a uma livraria Barnes and Noble, onde peguei uma biografia não autorizada de M.C. Hammer e, não querendo sobrecarregá-la com seu primeiro livro, incentivei Dã-Dã a comprar um exemplar de *Escolha sua Aventura*.

O cruzeiro era uma viagem de quatro dias e três noites que partia de Long Beach e voltava no dia de Ano-Novo. Na manhã do cruzeiro, tivemos que fazer o check-in no porto às nove horas. Eu havia estado tão animada antes da viagem que não foi problema algum levantar às sete e meia para chegar lá a tempo, exibindo, todo o tempo, minha inacreditável nova atitude. Eu estava reconsiderando toda a minha abordagem a esse jogo chamado "Vida". Talvez Dã-Dã não fosse tão burra, afinal. A felicidade *é* uma escolha. Eu tinha acabado de começar a apregoar meu novo sistema de crença para Ivory e Lydia, que, repentina e inexplicavelmente, haviam deixado de falar comigo.

Quando chegamos ao porto, fomos até a alfândega e mostramos nossa identificação. Como se houvesse um monte de americanos tentando imigrar ilegalmente para o México. Despachamos nossas malas e entramos na fila com alguns de nossos companheiros de viagem. A julgar pela aparência deles, estava claro que eram membros de uma faixa econômica diferente das pessoas com quem eu preferia me socializar. Mas já que eu tampouco era da faixa econômica que preferia, resisti à tentação de enunciar meus sentimentos iniciais de desespero. Eu daria uma chance a esse cruzeiro. Apontei para um cara parado no final da fila: — Aquele cara estava te olhando — menti.

— Sério? — ela perguntou. — Onde?

— Lá, lá — apontei novamente. Ela o viu.

— Ele nem é tão bonito assim — foi sua resposta. Ele não era tão bonito assim, mas ela tampouco era uma Miss Nova Jersey, então fiquei surpresa com sua atitude *laissez-faire*. Esperei que ela não estivesse pensando em mergulhar na minha piscina de homens. Já fazia algum tempo que eu estava nesse jogo e conhecia meu equivalente masculino. Ela, obviamente, não percebia que é preciso manter limites realísticos. Dã-Dã tinha uns quilos a mais e, pelo que eu podia ver, não tinha a mínima pressa em perdê-los. Ela não era gorda, mas não ia ficar expondo sua barriga numa babylook tão em breve sem que as pessoas rapidamente desviassem os olhos.

— Bem, parece que alguém por aqui é bastante exigente, mocinha — eu disse.

— Tenho um bom pressentimento sobre este cruzeiro — ela me disse. — Eu sei que vou conhecer alguém.

Eu sabia que havia mais chances de eu parir um pinguim do que Dã-Dã conhecer sua alma gêmea a bordo desse navio, mas prevaleceu meu novo coração amoroso. Meu foco principal era que ela fosse penetrada, ou pelo menos bolinada. Meu segundo objetivo seria que *eu* fosse penetrada. Minha mãe me havia convencido de que eu era uma doadora e, embora tivesse lá minhas dúvidas, assumi meu novo papel com orgulho.

Ao percorrermos a prancha de embarque para subir a bordo, aquele orgulho tomou uma saída rápida e comecei a ter a sensação típica que se tem logo após uma leva de sushi estragado: náusea, não muito diferente do enjoo de mar, mas é mais um nojo visceral. Aquele barco era um horror! O aroma feculento, vindo do que eu só podia especular que fosse o carpete, era um cheiro que eu havia sentido uma vez antes, ao acordar num bar. O carpete tinha um padrão psicodélico que parecia ter sido pintado por silk-screen em cima, numa tentativa frustrada de cobrir a ampla variedade de manchas.

Alguns membros da tripulação usavam camisas azuis com o logotipo da Carnival, enquanto outros apenas usavam as próprias roupas e um crachá com seu nome e um broche da Carnival Cruise. Alguns estavam com a camisa para dentro da calça, outros não. A tripulação parecia completamente desinteressada, quase mentalmente alheia, e na parede havia fotografias emolduradas de mais empregados desinteressados, todas elas tortas. A maioria dos membros da tripulação não parecia sequer ter dezoito anos. Comecei a ter sérias dúvidas sobre o tipo de operação que eles estavam tocando.

Dã-Dã agarrou meu braço e disse: — Vamos logo para o nosso quarto, nós temos uma *suíte*. — Eu não pude responder, porque ainda estava em estado de choque, subjugada por uma aversão que só podia ser associada a uma profunda decepção ou a um olfato aguçado.

Fomos para nossa cabine, o que significou subir quatro lances de escada e percorrer um corredor em que mal passava uma pessoa — andando de lado. Onde estava esta merda de barco quando filmavam *O Barco do Amor?* Abrimos nossa porta para nos deparar com um beliche e uma escotilha com vidro tão grosso que era impossível decifrar se o azul do outro lado era o oceano ou o céu.

— É esta nossa vista do mar? — perguntei a Dã-Dã ao tropeçar no limiar da porta. Aparentemente, estávamos em movimento.

— Ai, meu Deus — ela disse. — Isto aqui é bem ruinzinho. — Ela começou a rir. Eu não ri.

— Não posso ficar aqui — eu disse. — Não posso fazer isso.

— Não é tão ruim assim — ela disse. — Não podemos ir embora. O navio já deixou o porto.

— Teremos que nadar até a costa — sugeri a ela.

— Pare com isso! Será como uma grande aventura! — ela me repreendeu.

Eu precisava encontrar o Capitão Stubbing imediatamente — e Isaac e o porto. Onde estava aquela puta drogada da Julie? Aquela era a minha turma. Eu queria ficar em seus aposentos enormes e chiques, com camas king-size e serviço de quarto.

Depois de recuperar minha compostura, percebi que era hora de formular um plano. O primeiro passo era começar a beber imediatamente. Eu sempre era mais lógica quando bebia. O segundo passo era definir um plano de fuga.

À DERIVA

Deixamos nossas malas e fui ao banheiro dar uma checada na minha aparência. O banheiro tinha mais ou menos 1,20m x 1,20m e era necessário pular por cima do vaso sanitário para entrar no chuveiro. Olhei atentamente para aquela disposição absurda, tentando entender onde colocaria minhas pernas enquanto estivesse mijando, já que havia apenas uns cinco centímetros entre a frente do vaso sanitário e a parede do banheiro. Optei por colocar os pés no chuveiro e me sentei de lado na privada. Chamei Dã-Dã para que ela pudesse testemunhar a verdade daquele cruzeiro.

— Ai, meu Deus! Ai, meu Deus! Como esperam que a gente use o banheiro? — ela perguntou.

— Esta é a porra da *suíte*? Foi para isto que eu paguei novecentos dólares?

— Eu sinto muito. Vou pagar a minha parte. Você não tem que pagar por mim — ela choramingou.

— Ótimo. Vou querer em dinheiro — eu disse a ela.

Saímos da nossa *suíte* para conhecer o navio e meter uns drinques na cabeça. Dã-Dã pegou um folheto com as atividades, que nos informava que o cassino abriria assim que saíssemos do território da Califórnia. As coisas estavam começando a melhorar. Jogar era meu passatempo favorito e, combinado com estar na água, lembranças do meu filme favorito, *Porky's*, inundaram meu cérebro. Fomos trocar nosso dinheiro por fichas de jogo e esperamos numa fila atrás de uma mulher com duas pochetes na cintura e um dente da frente faltando.

Depois disso, subimos para a área da piscina para dar uma olhada e pegamos uns drinques no bar. Havia um homem

Chelsea Handler — *Minha Vida na Horizontal*

sentado no bar com o cabelo até a cintura e usando jeans preto cortado. O problema com o cabelo dele era que a maior parte de sua cabeça era careca, e o cabelo comprido e viscoso que restava saía de trás das orelhas.

Fui até o único homem careca com pontas duplas que já vi na vida e perguntei-lhe como poderia conseguir uma bebida.

— Eu pego para você — ele respondeu.

— Você trabalha aqui? — perguntei.

— Às vezes — foi sua resposta.

Dã-Dã fez uma careta, mas eu insisti: — Vou querer vodca Ketel One com qualquer coisa. Duas.

— Onde fica a piscina? — perguntei a nosso barman. Ele apontou atrás de nós para um tanque circular que parecia algo saído do Sea World, exceto pelo fato de que não tinha água e estava coberto por uma lona decorativa vermelha, branca e azul: — É só isto? — perguntei a ele.

— Esta é uma delas. Há mais umas quatro no total, mas estamos fora de temporada, então elas ficam fechadas.

— Fora de temporada? — perguntou Dã-Dã.

— Exato, senhora. De novembro a fevereiro — ele disse ao nos entregar nossos drinques em copos plásticos.

— Agora você quer nadar até a costa? — perguntei a Dã-Dã.

Agradecemos ao Pontas Duplas pelas bebidas antes que eu percebesse que eram feitas com vodca barata e Kool-Aid, o que Dã-Dã amou, lógico, porque a lembrava do jardim de infância.

188

À DERIVA

Não havia mais ninguém na área da piscina, então descemos novamente alguns deques. Quando vi o terceiro cabelo com mullet, eu disse a Dã-Dã que deveríamos voltar para o quarto e dormir.

— Vamos pelo menos deitar lá fora — ela disse.

— Não está nem quinze graus lá fora — retruquei.

— É assim que se pega o melhor bronzeado — ela me respondeu.

Pegamos nossos trajes de banho e um cardápio do jantar e voltamos à área da piscina. Pontas Duplas ainda estava lá. Pedi a ele uma vodca de verdade, num copo de verdade, mas ele me disse que só serviam em copos plásticos, a não ser no jantar. Ele ignorou meu comentário sobre vodca de verdade.

— Que horas é o jantar? — Dã-Dã perguntou.

— Você pode jantar às sete ou às nove na sala de jantar formal — ele disse.

— A sala de jantar formal é formal? — perguntei.

— Lógico, né! — ele respondeu. — Nada de shorts, tênis, nem barriga de fora.

— Tudo bem — eu disse.

Estava ventando demais para colocarmos os biquínis. Então simplesmente nos deitamos em nossas espreguiçadeiras de plástico em frente à piscina/tanque coberto e ficamos olhando o céu. Pensei em tirar a cobertura de lona e mergulhar de cabeça; tenho certeza de que não seria a primeira pessoa a fazer isso. Tentei ligar para 911, mas meu celular estava sem sinal. Isso era um desastre. Minha atitude positiva já tinha se unido ao programa de proteção à testemunha há muito tempo, mas tentei ficar calma.

Dã-Dã me perguntou a qual jantar eu queria ir e eu disse a ela que ao das sete da noite, porque esperava já estar inconsciente às nove. Aparentemente, o cassino só abriria no dia seguinte (que surpresa), então continuamos bebendo. Desmaiamos na cadeira ou, como gosto de dizer, nos colocamos para tirar uma soneca, e em algum momento depois da uma da tarde despertamos para nos ver rodeadas por gaivotas comendo os amendoins deixados no bar. Bem quando eu achava que as coisas não teriam como piorar, alguém anunciou no alto-falante que um concurso de shuffleboard estava para começar na área da piscina em cinco minutos. Estava na hora de se mexer.

Folheamos o guia de atividades idióticas do navio e decidimos jogar bingo na Sala Carnival às cinco. Sentamos ao lado de um casal que nos contou que iria se casar ali no barco. Essa notícia deixou Dã-Dã extasiada.

— Casar! Isso é tããão romântico! Onde vocês se conheceram? Como você a pediu em casamento? — Eu queria lembrar a Dã-Dã que não havia nada romântico em se casar num cruzeiro da Carnival, *nem* em usar camisetas do ZZ Top combinando, mas não quis ferir seus sentimentos.

Aquele cruzeiro também seria sua lua de mel, porque a mulher não podia tirar mais que uma semana de férias da usina elétrica em que trabalhava. Essa foi a última coisa que ouvi antes de gritar: — Bingo!

— Não pode ser! Não pode ser! Você conseguiu? — gritou a mulher. O mestre de cerimônias apontou para mim

À DERIVA

no meio da multidão e eu fiquei de pé, enquanto todos aplaudiam.

— Brincadeirinha — acrescentei e saí.

Eu estava ficando muito bêbada e precisava de ar puro. Dã-Dã me seguiu, mas eu lhe disse que precisava ficar sozinha: — Você vai pular? — ela perguntou.

— Não, não vou pular, mas preciso comer logo. Estou trêbada.

— Bem, pare de beber — ela me aconselhou.

— Essa não é uma opção.

Faltavam quinze minutos para as sete quando saímos para o Deck Amarelo e demos uma volta. Dã-Dã sugeriu que voltássemos rapidinho para nosso quarto para nos arrumarmos.

— Nos arrumarmos para *quê?* — perguntei a ela.

Dirigimo-nos à mesa designada para nós no salão de jantar e vimos três mulheres de quarenta e poucos anos sentadas ali: — Ótimo. Olhe a nossa mesa — eu disse a ela.

Sentamo-nos com as senhoras numa mesa redonda, deixando cinco cadeiras vazias: — Olá, senhoras — disse Dã-Dã e começou a fazer apresentações. Elas eram senhoras muito doces, delicadas e comportadas que claramente vinham de alguma cidade sem televisão nem revistas.

— Somos de Nebraska — uma das mulheres disse, que veio a ser um dos estados que eu suspeitava. A única surpresa foi que alguém de fato fosse capaz de *tomar um avião* para viajar naquele cruzeiro. Elas deram risadinhas diabólicas ao nos contar que estavam numa viagem "só de meninas", longe dos maridos. Eu podia afirmar que a coisa mais animada em que aquelas mulheres já haviam se envolvido fora num jogo misto de Batalha Naval.

Depois de aproximadamente um minuto de conversa fiada, a mulher magrela de cabelo escuro, com a pele mais branca que já vi em toda a minha vida, perguntou: — Vocês são cristãs?

— Sim, eu sou cristã — disse Dã-Dã.

— Ah, que amor — elas disseram. — Que bom te conhecer! — As mulheres imediatamente se empolgaram.

— Não, você não é cristã — eu disse a Dã-Dã. — Você é presbiteriana. É muito diferente. — Aquilo era típico de Dã-Dã. Ela não sabia nada sobre si mesma.

—Bem, que seja — disse Dã-Dã. — Eu acredito em Jesus Cristo.

Era exatamente por esse tipo de coisa que eu não queria viajar de férias com ela. Ela não tinha lealdade alguma. Era tão ruim quanto minha irmã Sloane. Eu não queria ser a única descrente na mesa. Por sorte, eu estava suficientemente bêbada para me defender.

— Eu sou judia — eu disse a elas e pedi uma Ketel One dupla com suco de cranberry. Certamente o salão de jantar "formal" servia vodca de verdade, pensei.

— Que legal — uma das mulheres respondeu.

E assim, do nada, como se eu não tivesse dito uma palavra sequer, as mulheres começaram uma conversa sobre a natureza pecaminosa que os judeus tinham ao assassinar seu Senhor Jesus. Eu não sabia se estava escutando direito porque havia

À DERIVA

ficado muito intoxicada, mas não podia acreditar que alguém falaria sobre religião durante as férias. Como a Miss Nebraska poderia achar que aquele era um ambiente adequado para discutir uma coisa tão controversa? Uma mulher foi dizendo que, se dependesse dela, não apenas o Presidente Bush teria um terceiro mandato de quatro anos, como também ela esperava que a decisão da justiça sobre a legalização do aborto fosse revogada. Aquela mulher era obviamente uma ameaça à sociedade e precisava ser detida.

— Com licença — interrompi —, eu tenho uma pergunta: tem algum problema beber durante a gravidez... *se* você estiver planejando dar o bebê em adoção? — Dessa vez, Dã-Dã não me seguiu lá para fora.

Havia quatro caras mexicanos conversando na área da piscina. Vou me referir a eles como "cholos" somente porque um deles estava usando um boné que dizia "CHOLO".

— E aí, companheiros? — perguntei ao deslizar numa espreguiçadeira ao lado deles. Eles estavam fumando maconha numa coisa que parecia um charuto. — Isso aí é bagulho? — perguntei.

— Sim, *mija,** você quer dar um tapa? — eu tinha aprendido a lição, do pior jeito possível, sobre maconha batizada e estava bêbada demais para fumar maconha que não estivesse batizada.

— Não, obrigada, companheiro. Vocês estão voltando para o México?

---

* *Mija* — "mi hija", minha filha em espanhol. (N.T.)

Um dos caras veio até mim: — Meu nome é Rico — ele disse. Usava meias de vôlei brancas até os joelhos com uma bermuda bege cortada e um cinto preto largo. Uma camiseta regata branca completava seu modelito. Sua cabeça era raspada, e ele tinha um bigode cerrado.

Quando Rico se sentou ao meu lado, eu me inclinei e vomitei violentamente. Seus três amigos se afastaram, enojados. Fiquei envergonhada, mas não pude evitar as ânsias. Lembro vagamente ter ouvido os três caras falando algo sobre ter que ir embora, mas Rico optou por ficar ao meu lado e segurar meu cabelo.

Finalmente, ele me levou para um lugar onde eu poderia vomitar por cima do balcão, e eu passei as quatro horas seguintes fazendo exatamente isso. Não conseguia me mover um centímetro sequer, e ele entendeu completamente. Em certo ponto, ele tirou um elástico do bolso e prendeu meu cabelo num rabo de cavalo. Aquele cara estava demonstrando ser bastante confiável. Sem ele, havia uma boa chance de que eu tivesse caído no mar. Ele vasculhou meus bolsos para achar minha chave e, por volta da meia-noite, disse que estava na hora de me levar para minha cabine.

— Eu vou dormir aqui mesmo, me deixe sozinha — chorei.

— Não, *mija*, você não vai poder dormir aqui. Vai congelar feito um peru.

Estava bem frio, porém duvido que houvesse congelado, e desejei que ele não tivesse mencionado o Dia de Ação de Graças.

À DERIVA

Depois de mais uma hora, concordei em deixá-lo me carregar de volta à minha cabine, o que não foi um caminho fácil de percorrer, considerando a estreiteza dos corredores. As pessoas nos olhavam com assombro conforme ele ia me levando nos braços, como numa cena saída do *Paciente Inglês*, e perguntavam se estava tudo bem. Eu tentava responder, mas só conseguia murmurar.

Quando ele abriu a porta do nosso quarto, Dã-Dã pulou da cama em seu pijama do *Shrek* e gritou: — Ah, meu Deus, você está bem? — E então: — Quem diabos é você?

— Acalme-se, *mija*, só estou trazendo sua amiga — disse Rico.

— Saia daqui — ela gritou. — Socooooooorro!

— Ei, ei, ei, calma, moça, calma — ele disse e, então, se virou para ir embora enquanto ela apanhava um sapato e o atirava em sua direção.

— Obrigada — falei ao ouvir a porta se fechar. Me enfiei na cama de baixo do beliche. — Cale a boca, ele cuidou de mim — eu disse a Dã-Dã, antes de desmaiar.

Quando despertei na manhã seguinte, sentindo-me dois quilos mais leve, informei a Dã-Dã que precisávamos descer do navio em Ensenada e pagar uns mexicanos para nos levar de carro para Los Angeles. — Eu *não posso* passar o Réveillon neste barco.

— De jeito nenhum, isso é loucura. Nós poderíamos ser estupradas — ela disse.

— Bem, pelo menos teríamos um bom Réveillon! — gritei. Estupro não parecia tão ruim quanto passar outro dia naquele cruzeiro. — Pense um pouquinho — eu disse. — Sei que no México eles têm aqueles passeios de parapente nas praias; talvez pudéssemos voltar para casa de parapente. — Então, rolei na cama e voltei a dormir.

— Agora você já pode apostar. Estamos no México — disse Dã-Dã quando me acordou, duas horas depois.

Imediatamente me senti melhor. Como eu precisaria de um cheeseburger e de algumas horas para me recuperar antes do meu próximo drinque, fomos até a lanchonete para almoçar. Expliquei a ela, enquanto comia o cheeseburger mais asqueroso do mundo, que Rico tinha cuidado bem de mim na noite passada e que ela não deveria julgar as pessoas por suas meias.

— Eu estava com medo. Não sabia onde você estava e meu pai me disse para não sair da cabine depois que escurecesse — ela disse. Não era surpresa alguma para mim que ela houvesse telefonado para o pai. Ela telefonava para ele, em Nova Jersey, várias vezes ao dia para perguntar coisas do tipo se ia chover na Califórnia e se havia algum problema em comer no Subway, a rede de sanduíches. Meu conselho favorito que ele lhe tinha dado era o de nunca usar absorventes internos, somente os externos, porque "existe um assassino à solta, e seu nome é síndrome do choque tóxico". Eu queria dizer ao pai dela que eu era a prova viva de que um tampão podia sobreviver dentro de uma mulher até três dias, antes que qualquer sintoma real aparecesse, mas eu estava ficando mais esperta em eleger o motivo das minhas brigas.

Perguntei a Dã-Dã se ela havia pensado melhor na minha ideia de voltar a Los Angeles.

À DERIVA

— Meu pai disse que de jeito nenhum, seria perigoso demais — ela me disse.

Pensei em ir sozinha, mas não podia deixá-la naquele barco desacompanhada. Porém, não conseguia acreditar que aquele fosse o lugar em que eu devesse fazer estrago na noite de Réveillon.

— Está bem — eu disse. — Vamos jogar. Vou te ensinar a jogar blackjack.

Joguei durante quase oito horas seguidas com Dã-Dã fazendo guarda. Eu havia ganhado quatrocentos dólares e me sentia maravilhosamente bem. Ela estava nervosa demais para gastar o próprio dinheiro, então, por fim, dei-lhe cem dólares em fichas e ela jogou com isso. Ela parecia estar ganhando, mas sempre apostava o mínimo, o que era bom, porque significava que ficaria ocupada por um longo tempo.

Eu ficaria feliz jogando até altas horas da madrugada se necessário e perguntei ao nosso crupiê até que horas ele ficaria lá: — Durante as próximas trinta horas — ele disse —, até voltarmos à Califórnia. — Foi então que o sósia do Scott Wolf passou por nossa mesa. Eu ainda não havia tomado nada, e sua simples presença era motivo suficiente para comemorar. Ele não era tão bonito quanto Scott Wolf, mas tampouco havia alguém naquele cruzeiro que fosse. Ele tinha o cabelo mais claro e um físico um tanto encorpado para alguém de não muito mais que um metro e sessenta e cinco. Dã-Dã me deu uma cotovelada. Nós duas sabíamos que ele era, de longe, o cara mais bonito no cruzeiro e sua pele macia e suave me fez lembrar de mim mesma alguns meses atrás.

— Nem pense nisso — eu disse em meio a um sorriso rígido. —Você pode ficar com o Rico.

Olhei para o garoto que representava a salvação do meu Réveillon e disse: — Com licença, você poderia vir aqui um minuto?

— Claro — ele respondeu e veio até nós.

— Seu nome é Kevin? — perguntei a ele. Essa era minha nova cantada favorita.

— Não — ele disse.

— Sério? Eu pareço familiar a você?

— Um pouquinho — ele me disse. Aquilo queria dizer que ele estava interessado.

— Bem, esta é Dã-Dã e eu sou solteira — disse a ele.

— Cale a boca, este *não* é meu nome! — ela me repreendeu.

Agora ele estava rindo e eu sabia que iria transar com ele: —Você tem algum amigo que veio com você? — perguntei.

— Claro — ele disse. — Alguns de nós estaremos no Club Paradise no deque superior dentro de uma hora. Vocês não gostariam de nos acompanhar? — Pensei em relembrá-lo que estávamos em um navio de cruzeiro e que, se aparecêssemos no Club Paradise, não significaria necessariamente que o estávamos acompanhando, mas fiquei de boca fechada.

— Te encontraremos lá, então — eu disse. Ele era um gato e eu estava exultante. Parecia que, afinal, seria necessário tomar uma ducha. — Vamos nos arrumar — eu disse a Dã-Dã.

Ela estava mais excitada que um chimpanzé com uma banana na mão: — Ai, meu Deus! Isso é incrível! Você acha que os amigos dele são bonitos também? Que roupa eu devo colocar? Estou tão emocionada. Espero que haja dança.

Eu esperava que não houvesse dança, mas não iria deixar que aquilo estragasse a única chance de me dar bem no Réveillon. Aquele seria o terceiro Réveillon consecutivo em que eu estava solteira e eu não iria deixá-lo passar em branco. Se houvesse um quarto Réveillon sem ação, eu estaria oficialmente em baixa.

Tomamos banho com nossos chinelos de borracha, numa tentativa de evitar contato direto com o azulejo e, enquanto nos vestíamos, bebi mais três copos plásticos cheios de vodca e depois passei para o suco de laranja, para obter um pouco de vitamina C. Como havia perdido o jantar de propósito para evitar outro confronto com a esposa de John Ashcroft, engoli umas Power Bars para garantir suficiente energia na pista de dança. Eu estava sexy e, o que é mais importante, magérrima. Adoro o dia depois de uma sessão de vômito. Eu me sinto leve como uma pluma.

Subimos ao Club Paradise, que é um nome interessante para qualquer coisa num navio que deveria ter sido afundado por um torpedo anos antes. Vi minha versão B do Scott Wolf rodeado por outras figuras corpulentas. Todos eles tinham o mesmo estilo garoto universitário e todos pareciam ter vinte e poucos anos. Eu estava com vinte e seis na época, e concluí que teria que me contentar com o que pudesse conseguir, a essa altura da viagem. Não é que o meu cara fosse feio, mas, se estivéssemos em terra, o fato de ele ter todos os dentes na boca não seria considerado um bônus.

Como sempre, Dã-Dã estava grudada em mim, então fiz com que um dos amigos dele a tirasse para dançar. Isso me deu a oportunidade de ficar a sós com meu homem. Ademais, não gosto de fazer meus ataques na frente de uma plateia.

O nome dele era Les, o que parecia nome de molestador de crianças, mas, também, eu sabia que aquilo era Deus me testando, e eu tinha que me contentar com o que me era oferecido. Assim que vi Dã-Dã começando a relaxar com seu cara, eu me inclinei e perguntei a Les se ele tinha sua própria cabine.

— Não, estou dividindo uma — ele respondeu. — Mas meu companheiro está dançando.

— Bem, vocês têm um beliche? — perguntei.

— Sim, temos um beliche — ele sorriu de um jeito fofo, envergonhado.

— Quer ir para sua cabine e brincar um pouco? — perguntei a ele.

— Só se for agora! — foi sua resposta. Achei que foi uma resposta um tanto atrevida para alguém de tão pouca estatura. Estava começando a gostar daquele cara cada vez mais. Adorava um homem/garoto com autoconfiança.

Disse a Dã-Dã que Les queria me mostrar a cabine dele e que eu voltaria dentro de uma hora. Ela não ficou contente com isso, então dei-lhe algo em que pensar. Expliquei que aquele cruzeiro seria como um *début* para ela e que, se ela demonstrasse sinais de que estava amadurecendo da adolescência para a maioridade, quem sabe quantas outras viagens de férias poderíamos fazer juntas? Quando isso pareceu não funcionar, prometi a ela uma assinatura anual da revista *Tiger Beat*.

À DERIVA

Eu estava bastante zonza por não ter quase nada no estômago e precisava de um pouco de exercício. Foi por isso que, quando a porta da cabine de Les fechou completamente e ele me atirou na cama debaixo do beliche, eu não mostrei sinal algum de resistência. Na verdade, fiquei excitada pela maneira enérgica como ele agiu e não podia imaginar que seu pênis fosse menor que uma escova de cabelo. Eu o estava testando como parceiro sexual de Réveillon e, por enquanto, parecia que ele definitivamente iria passar.

Cara, como eu subestimei o Les. Não só seu pênis era maior que a média, como ele tinha a energia de uma tropa terrestre iraquiana e o físico exato da tenista Serena Williams. Estavam acontecendo coisas que nem sequer eu conseguia acompanhar. Antes que eu me desse conta, não só minhas roupas haviam sido arrancadas, mas, de alguma forma, eu estava na cama de cima. Les saltou para o outro lado da cabine até a escotilha, onde pegou uma camisinha, e voltou até onde eu estava com um salto triplo. Aquele cara deveria participar das Olimpíadas — e não daquela para a qual eu me qualificaria. De repente, ele estava em cima de mim. Justamente antes de começarmos a fazer sexo, ele me girou e me colocou de quatro. Eu nunca tinha sido manuseada desse jeito antes e estava me divertindo de verdade. No fim das contas, aquele cruzeiro estava mesmo se revelando um episódio do *Barco do Amor;* eu teria que verificar no dia seguinte se havia disponibilidade para o próximo ano.

Foi então que Les me deu um tapa. Não foi uma palmada nem uma carícia, apenas um sopapo de mão aberta a todo vapor na minha nádega direita. Foi com tanta força que eu não só tossi, como quase voei da cama. Nos poucos segundos que levei para me lembrar do nome dele, ele me bateu mais três vezes, alternando nádega direita e esquerda.

— Ei! Você! Pare com isso! — consegui gritar.

— Qual é o problema? — ele perguntou, parando.

— Você bateu em mim? — eu me virei pra olhar para ele, para que ele não estivesse olhando a minha nuca.

— Você não gosta? — ele me perguntou num tom suave. Agora ele estava voltando a seu eu original.

— Bem, não sei, acho que... Eu não estava indo bem? — foi a sandice que saiu da minha boca em forma de pergunta. Palmadas são algo que geralmente se discute de antemão. Eu me senti um pouco violentada e achei que, depois que termi-nássemos, eu seria obrigada a preparar-lhe um sanduíche ou algo assim.

— Você parecia estar gostando — ele disse, ofegante. A verdade é que eu meio que tinha gostado, mas ao mesmo tempo parecia tão violento que senti que deveria objetar. Eu estava confusa como não ficava desde a primeira vez em que ouvira George W. Bush falar. Não que eu não gostasse de confronto. Eu gostava, mas nunca tivera uma discussão durante o ato sexual antes e eu não conhecia Les há tempo suficiente para que tivéssemos nossa primeira briga. Pensei em bater nele também, mas parecia muito forçado. Geralmente era eu quem ditava as regras na cama, e eu não sabia como reagir ao fato de outra pessoa assumir o controle. Principalmente por-que éramos tecnicamente do mesmo tamanho.

À DERIVA

—Tudo bem, acho — eu disse a ele. E, portanto, ele continuou, pelos próximos dezenove minutos, até que chegasse ao orgasmo, o que, por coincidência, também se pareceu com o comportamento típico de um urso.

— Quantos anos você tem? — perguntei-lhe depois que havíamos terminado. Eu estava deitada na cama de cima e ele havia passado para a de baixo. Eu me sentia solitária e fiquei com vontade de papear um pouco. Eu nunca havia sido abandonada tão rapidamente depois do sexo, embora já tivesse feito isso com os outros, várias vezes. Agora que o sapato estava no outro pé, comecei a perceber o que era o abandono.

— Vou fazer dezenove no dia primeiro de janeiro — ele me disse.

— Eu preciso mesmo voltar para minha amiga — eu disse a ele ao saltar do beliche, nua, com uma mão cobrindo minha periquita e a outra, meu seio direito. Meu seio esquerdo estava exposto, mas, num esforço para evitar que ele fosse golpeado, eu me virei rapidamente e vesti minhas roupas.

Em meu estupor alcoólico, eu ainda estava tentando deduzir como podia ter terminado na cama com alguém praticamente menor de idade. Aquilo não era nada bom. Eu nunca havia dormido com alguém que fosse sequer um ano mais novo que eu e, imediatamente, me senti como R. Kelly. Como é que um garoto daquela idade tinha aprendido a dar palmadas em um mulher? Fiquei com medo de que talvez ele estivesse mentindo e que nem sequer fosse maior de idade; imagens da polícia costeira me tirando do navio algemada e com uma bola de ferro no pé passaram por minha cabeça.

Na noite seguinte era Réveillon, e decidimos assistir a um show chamado *Swing, Swing, Swing*, já que minha boa sorte nos jogos havia terminado e eu agora estava devendo duzentos dólares. Quando estávamos nos sentando, vi Rico algumas fileiras atrás de nós: — Ei, Rico — gritei. — *Cómo te llamas?* — Ele olhou para mim e para minha amiga e, então, fez um gesto que se parecia com mostrar o dedo do meio, mas que era a versão espanhola que diz para uma pessoa que você não está interessado em falar com ela.

— Você irritou mesmo aquele cara, agora ele não quer nem falar com a gente — eu disse a Dã-Dã. — Obrigada por ter cuidado de mim! — eu gritei e, dessa vez, ele fez um gesto que eu nunca tinha visto antes. Não entendi por que ele estava irritado comigo. Eu nunca joguei um sapato nele.

Conforme as cortinas imundas se abriram para dar início ao show, a primeira pessoa a aparecer no palco foi um homem de peito nu usando uma meia-calça verde com um fio puxado em uma perna e uma grinalda falsa na cabeça. Ele se lançou pelo palco com uma combinação de duas piruetas seguidas por uma carpada e um salto mortal. Eu teria reconhecido aqueles movimentos no mar ou na terra. Era oficial: eu tinha atingido meu ponto mais baixo à tenra idade de vinte e seis anos. Não só tinha dormido com um garoto de dezoito anos que me bateu, mas ele era o ator principal em um show medonho chamado *Swing, Swing, Swing.*

Talvez um namorado de verdade não fosse o pior que pudesse acontecer a uma garota.

Soltando a Franga

EU ESTAVA NO site do Discovery Channel tentando colocar minhas mãos num macaco quando meu celular tocou. Nathan ligou para perguntar se eu poderia ser sua acompanhante de "fachada" no encontro de seus ex-colegas do ensino médio.

Por alguma razão, Nathan ainda se considera um homossexual enrustido, embora qualquer pessoa que já tenha estado em seu apartamento tarde da noite saiba a verdade. Não é preciso ter um QI de gênio para perceber, quando você é abruptamente chutado para fora do apartamento dele à uma da manhã e um latino alto e encorpado passa por você, que Nathan fez um pedido para o Pinto Delivery.

Os colegas de colégio e de universidade de Nathan, assim como os pais dele, ainda não sabiam sobre sua homossexualidade. Os pais não faziam ideia de que, quando o mandaram a um psiquiatra, aos quinze anos, ele havia começado um relacionamento amoroso com o terapeuta que durou bem uns dez anos. "Amoroso" não é a palavra que eu usaria para descrever seu psiquiatra te pagando um boquete, mas Nathan insistia que o relacionamento com o terapeuta era uma via de mão dupla e que eles tinham sentimentos fortemente românticos um pelo outro. Essa era, obviamente, a retaliação dos judeus por não terem acesso à igreja católica com todos os seus pedófilos. Como somos extremamente engenhosos, desenvolvemos nosso próprio sistema de abuso infantil e, então, acrescentamos ainda outra camada, ao pagar ao nosso atacante.

Depois de receber essa informação de Nathan, fiquei profundamente decepcionada por nenhum dos meus terapeutas ter sequer tentado fazer sexo oral em mim. Nathan admitiu esse relacionamento para mim apenas quando já éramos amigos há muitos anos, e quando o fez, foi só para me convencer a acompanhá-lo em suas férias com a família e posar como sua namorada.

— O psiquiatra vai estar lá? — perguntei.

— Não.

— Então, por que eu iria querer ir?

— Porque meus pais querem te conhecer. Eu falo sobre você o tempo todo e, dessa forma, eles pensarão que estou mais perto de me casar.

— Mas você não vai se casar. Com certeza, não comigo — eu disse a ele. Na verdade, nós tínhamos conversado sobre casamento várias vezes, meramente porque parecíamos nos dar tão bem; mas, depois de pensar muito e por um longo tempo, concluí que não era muito proveitoso para mim desperdiçar meu primeiro casamento com um cara gay.

Mas Nathan me convenceu a ir com ele, e acabei indo, depois, a muitas outras férias familiares com ele. Houve a

SOLTANDO A FRANGA

viagem a Telluride, os dez dias em Fiji e alguns fins de semana na casa de sua família em Big Bear. Acabou se tornando a fraude perfeita e eu estava ganhando um monte de milhas aéreas, em recompensa. Sua família era divertida e eu gostava de sua mãe judia dominadora, que queria saber tudo a meu respeito: da minha posição sexual favorita a meu ascendente. Ela se sentava e brincava com meu cabelo, olhando para mim como se eu fosse a Cachinhos Dourados e dizendo sem parar que não podia acreditar que eu fosse judia. Minha mãe é a antítese da típica mãe judia; ela fala baixinho e dorme mais que um gato. Como resultado, eu sempre quis alguém que me enchesse o saco de verdade.

Normalmente, eu aceitaria ir a um encontro de escola, mas ainda estava brava por causa do casamento da minha irmã. Graças à visita catastrófica de Nathan à casa de veraneio de meus pais, eu havia sido proibida de levar novamente alguém comigo.

Portanto, quando Nathan me pediu para ir a seu encontro de ex-alunos do ensino médio, que não seria realmente um encontro, e sim um coquetel de verão para todos os alunos que haviam frequentado seu colégio particular, eu me recusei a ir.

—Vamos, por favor, vai ser tão divertido. Será no Bel-Air Bay Club, vai ser open bar e haverá caras lindos. —Todos esses argumentos eram válidos, mas eu não queria ceder. Estava seriamente pensando em me afastar dele para sempre.

—— Nem tenho certeza se quero ver você de novo —— eu disse a ele.

Chelsea Handler — *Minha Vida na Horizontal*

— Não diga isso! — ele sibilou. — Não foi tão ruim assim, você está exagerando. Até recebi um cartão de agradecimento da sua irmã. Ela me *adorou*.

Fiquei insegura quanto a acreditar nele, mas era bem típico da minha irmã me contradizer.

— Um cartão de agradecimento? — perguntei. — Agradecendo pelo *quê*? Por ter estragado seu casamento? Como foi que ela conseguiu seu endereço?

— Provavelmente estava escrito na embalagem do Valium que dei a ela — ele respondeu. — Ela estava supernervosa antes de caminhar para o altar. Só lhe dei metade de um comprimido, porque ela disse que nunca havia tomado antes, mas depois da cerimônia ela quis mais, então eu lhe dei o frasco inteiro.

Aí, fiquei furiosa. Como pude perder a oportunidade de me encher de pílulas junto com a minha irmã, que era mais pura que um Quaker? Fiquei dividida entre sentir raiva de Nathan e ter orgulho de minha irmã por, finalmente, ter se soltado um pouco. Aquela garota era alguém que, quando eu tinha dez anos, costumava me acordar ao voltar de uma festa e sussurrar: — Chelsea, acorde. Havia maconha na festa e eu não fumei nadinha.

Eu rolava na cama, abria um pouco os olhos e dizia: — Por que *não*?

— Nathan, você é ridículo, não tem respeito por ninguém. Quantas vezes estive na casa dos seus pais ou em viagens de férias e não apenas me comportei bem como até citei versos da Torá?

— E se eu te pagar? — ele perguntou.

SOLTANDO A FRANGA

Eu sempre sonhara em ser uma acompanhante profissional, mas nunca pensei que houvesse dinheiro de verdade naquilo: — Quanto? — perguntei.

— Duzentos dólares — ele ofereceu.

Gargalhei alto e, então, fingi me engasgar: — Tá boa, santa? — eu disse. — Isso não é suficiente para eu fingir que gosto de você de novo.

— Por favor, por favor, venha comigo, será divertido, nós dois podemos conhecer gente nova.

Havíamos feito esse tipo de coisa antes, em várias ocasiões. Eu dava em cima de um cara de que Nathan tivesse gostado e, se ele não me correspondesse, Nathan podia avançar. Assim, ninguém descobriria que ele era, de fato, um óbvio homossexual, a não ser que terminasse dormindo com o cara, hipótese em que ele definitivamente saberia. O problema com essa abordagem era que Nathan era obcecado pelos caras que faziam o tipo lenhador, e que, de preferência, tivessem uma caminhonete; portanto, se o cara que eu abordasse não fosse gay, eu geralmente terminava sendo perseguida por ele e obrigada a sair de fininho pela porta dos fundos de um bar fuleiro qualquer.

— Não vou dar em cima dos caras para você — eu disse. — Não por duzentos dólares.

— Esses caras são todos do meu colégio, não haverá ninguém muito burro, eu juuuuuuro — ele disse.

— *Você* é burro e estará lá — lembrei-lhe.

— Esta é a minha garota. Você fará isso por mim?

— Não por duzentos dólares — eu disse a ele. — Preciso de outro incentivo.

— Comprarei um vestido para você, onde você quiser. Você o compra e eu te reembolso, mas nada além de duzentos e cinquenta dólares.

— Parece razoável — eu disse, na minha melhor imitação de litigante.

Acabei gastando menos no vestido que os duzentos e cinquenta designados por meu cafetão gay, porque havia uma liquidação na Barney's oferecendo 75% de desconto; então, comprei também um lenço de cabeça para o caso de estar ventando muito. Era, na verdade, um lenço de pescoço, mas eu tinha visto a J. Lo colocar um daqueles em volta da cabeça e amarrar atrás, na nuca, o que dividia a faixa de seda em duas seções diferentes de pura magia esvoaçante. O tom do meu vestido era um rosa ardente, mais precisamente descrito como "rosa-puta", e o lenço de cabeça era creme com anéis de cores cítricas, lilás e também "rosa-puta". Nunca havia usado um lenço de cabeça em público antes e não via a hora de, finalmente, impor o respeito que eu merecia.

Nathan me apanhou na frente do meu apartamento num luxuoso sedan. Ele fazia isso quando queria impressionar. Alegou que estava apenas agindo de forma responsável porque iríamos beber, mas, levando em conta que ele já havia sido condenado por três infrações anteriores por dirigir embriagado, eu sabia que não era por isso.

— Olhe só para você! — ele gritou quando andei até o carro. — Três palavras: di-vi-na!

— Obrigada — respondi com o ar gélido de uma aristocrata. Eu não iria ceder assim tão facilmente; ele teria que dar duro pelo meu perdão.

O Bel-Air Bay Club fica ao norte de Malibu e tem vista para o Oceano Pacífico. Durante nosso trajeto até lá, quando eu não estava olhando pela janela que havia baixado para promover meu lenço de cabeça na corrente de vento, estava lembrando a Nathan quanta sorte ele tinha em ter uma amiga como eu.

— É melhor você parar com esta merda quando chegarmos à festa. Eu disse que sentia muito *e* mandei uma carta a seus pais me desculpando.

— Bem, espero que tenha feito isso mesmo. Estou proibida para sempre de levar alguém à casa deles!

— Escute, eu sinto muito e sei que bebi demais, mas vamos nos concentrar nesta noite — ele disse. — Pode ser que você conheça seu futuro marido aqui. Há um monte de homens jovens, ricos e bem-sucedidos que frequentaram essa escola.

— Não sou tão superficial assim, seu idiota. Não preciso de dinheiro — eu disse. — É muito mais importante que eles sejam bonitos.

Finalmente chegamos à porta da frente e o carro diminuiu a velocidade: — Você é minha namorada, a não ser que eu te fale o contrário — ele me lembrou quando nosso motorista abriu a porta.

Apresentamo-nos na porta e nos deram etiquetas com nosso nome. Eu não queria estragar meu visual com uma etiqueta tão brega, sem falar do evidente contraste de cores; o pincel atômico com o qual a mulher escrevia os nomes era vermelho bombeiro. Eu já estava me arriscando com o lenço na cabeça e não queria que ninguém pensasse que estava tentando superar a Sarah Jessica Parker.

Disse à mulher que colaria minha etiqueta na bolsa e ela disse que preferiria que eu a usasse no vestido. Então, eu disse a ela que não fazia parte do corpo de ex-alunos e que ninguém iria me reconhecer, de qualquer modo.

— Não é por isso, querida. É melhor que o nome de todos esteja à mostra, para que, assim, as linhas de comunicação estejam abertas.

Achei que talvez ela estivesse tentando ser engraçada, mas então percebi que era impossível fazer isso sem senso de humor.

— Qual é seu nome, querida? — ela perguntou.

— Beulah. Meu nome é Beulah — disse a ela.

Os olhos dela se desviaram rapidamente dos meus para os de Nathan, mas ele me apoiou com um leve aceno de cabeça na direção dela.

— Como se soletra? — ela perguntou.

— B-e-u-l-a-h, e se pronuncia "Bíula" — eu disse. Então, ela desgrudou o adesivo e o colou bem acima do meu peito direito. — Adorei seu enfeite de cabeça — ela disse com um sorriso cerrado.

— Adorei sua personalidade! — retruquei com os olhos esbugalhados e um sorriso escancarado. Eu havia usado essa cara antes, quando um caixa de banco do Wells Fargo Bank ameaçara segurar um cheque do meu pai porque meu saldo médio era de três dólares e cinquenta e seis centavos.

SOLTANDO A FRANGA

Nathan me agarrou pelo braço e me puxou até o pátio. Havia várias mesas de comida ao redor e dois bares, posicionados a cada extremidade.

— Vou pegar bebida para nós, enquanto você encontra algum lugar para sentarmos — eu disse a ele. Fui até o bar e pedi duas Ketel One com soda.

— Quatorze dólares, por favor — disse o barman.

— Não é open bar? — perguntei.

— Só para bebidas da casa — ele me disse. — A vodca da casa é a Gordon's.

— Quem é esse Gordon? — perguntei-lhe.

Ele meio que sorriu para mim, levantando só um de seus ombros.

— Espere aí — eu disse e corri até Nathan. — Me dê dinheiro, não é open bar. Esta festa está começando muito mal, Nathan. Nada bem, até agora! — Insinuei que uma Chelsea infeliz levaria a uma noite infeliz. Ele entendeu o recado.

Depois de pagar por nossas bebidas, voltei para encontrar Nathan sendo molestado por uma mulher branca de meia-idade usando um vestido tomara-que-caia de algodão e poliéster, que empurrava seus peitos para cima, como se fossem uma prateleira. Seu cabelo louro era uns três tons claro demais e ela segurava o que deduzi ser um chardonnay. Mulheres desse tipo adoram chardonnay, principalmente quando ainda está claro. Ela parecia muito entretida com Nathan, como muitas mulheres ficavam; ele tem um jeito de fazer as mulheres se sentirem bonitas e sexy, e fora principalmente por isso que minhas amigas e eu havíamos gostado tanto dele.

Ela se aproximava dele cada vez mais e eu não quis roubar-lhe o momento, então, discretamente, me sentei à mesa atrás de onde eles estavam e fiquei observando. Cinco minutos depois, ela me notou e se apresentou: — Sou Lynn — ela disse, estendendo sua mão livre.

— Beulah, como você está? — disse Nathan.

— Ah, me desculpe, vocês dois são... — ela apontou de um de nós para o outro.

— Ah, não, não, não, ele é só meu treinador de natação, somos próximos, mas não dessa forma — pisquei para ela.

Nathan virou a cabeça para evitar contato visual comigo e com ela.

— Você é nadadora profissional? — ela perguntou.

— De nado sincronizado, na verdade. Sou a única nadadora de nado sincronizado que pode competir sem um prendedor de nariz — eu disse a ela.

— É verdade? — ela perguntou, animada. — Como você consegue fazer isso?

— Não é fácil — eu disse a ela. — Treinei para segurar a respiração tanto embaixo d'água como na superfície por quase seis minutos. Cada competição dura, em média, cinco minutos. — Eu, logicamente, não fazia a menor ideia de aquilo ser ou não verdade, mas cinco minutos parecia um tempo bastante razoável para se conseguir prender a respiração. Por que alguém precisaria prender a respiração fora da água, eu não sabia, mas, quando invento coisas, raramente uso um filtro.

Ela estava com uma expressão confusa no rosto e abriu a boca para dizer algo quando a interrompi.

SOLTANDO A FRANGA

— Existe uma boa chance de que eu venha a competir em Atenas, em 2004.

Nathan tossiu alto e se sentou: — Na verdade...

Interrompi: — Ele é tão supersticioso que não gosta que eu fale sobre as Olimpíadas antes das classificatórias; ele acha que dá azar — eu disse desdenhosamente. — Sempre digo que Deus me deu esse talento e que não há nada que possa me dar azar.

— Amém! — disse ela.

— Aleluia! — completei.

Ela se virou para Nathan e colocou a mão no braço dele: — Um treinador de natação. Você deve estar em muito boa forma! — Nathan sorria, envergonhado, quando me levantei e pedi licença.

— Vou ver se encontro algum peixe nesta enorme piscina. Aproveitem para se conhecer melhor, crianças. — Nathan desviou o olhar e baixou os olhos para suas mãos, em seu colo. Pisquei para a mulher e disse em silêncio: — Ele está solteiro!

Perambulei até a outra sala que era dominada por um gigantesco candelabro. O clube era imenso e extravagante, com quatro pátios separados. Adoro lugares que se espalham dessa forma; assim, quando você paga um mico em uma área, há outra a apenas um pulinho de distância.

Por ser um colégio estritamente masculino, era garantido que haveria dúzias de homens para assediar. Fui caminhando lentamente até o sushi bar, enchi meu prato e fui sentar perto de uma janela, sozinha da silva. Assumi uma expressão tristonha, magoada e meiga para que todos os pretendentes do sexo masculino soubessem que eu estava disponível e, o que é mais importante, vulnerável.

Depois de dez minutos sem ninguém se aproximar de mim, vi um gostosão passar na minha frente usando uma linda camisa Ted Baker. Eu conhecia as camisas da marca Ted Baker como a palma da minha mão e qualquer pessoa que usasse uma merecia ser elogiada.

— Com licença — eu disse quando ele olhou ao redor, tentando ver de onde a voz estava vindo —, eu simplesmente amei a sua camisa.

— Obrigado — ele disse, finalmente me notando. Ele sorriu. — Que gentileza!

— É Ted Baker? — perguntei.

— Sim, é sim. — Ele estava contente.

— Eu trabalhava para ele, em Londres. — Eu não estava planejando mentir, mas precisava mantê-lo ali o suficiente para estabelecer meu ritmo.

Ele se sentou ao meu lado e conversamos por alguns minutos sobre o fato de Ted ser um designer tão brilhante e, então, ele disse: — A propósito, sou David, e você é... Beulah? É assim que se pronuncia? — Eu não podia deixá-lo pensar que aquele era meu nome.

— Ah, não, a mulher da recepção era um pouco séria demais. Eu só quis brincar com ela. Meu nome é Chelsea.

— Que engraçado — disse David. — Beulah deve ser um dos nomes mais feios que eu já ouvi.

David me contou que era advogado imobiliário e que havia acabado de se mudar de Atlanta para ficar perto da família. Ele não conhecia muita gente e tinha vindo à festa para tentar se reaproximar de alguns amigos do colégio. A maioria de seus amigos estava casada e ele recentemente havia terminado um relacionamento de dois anos com alguém porque detestava a sua família e não queria expor sua futura prole a ela.

— Gostei do seu lenço — ele disse. — Não é qualquer um que se dá bem com este visual.

Tive a sensação de que ele quis dizer que *ninguém* se dava bem com aquele visual, e então comecei a rir: — Entendi — eu disse e tirei o lenço. Ele rapidamente o enrolou em sua cabeça. — Você tem razão — eu disse e o puxei de sua cabeça.

Aquilo poderia definitivamente se transformar em um relacionamento. Eu sabia disso porque não quis dormir com ele imediatamente, e só havia sentido aquilo umas poucas vezes. Ele era sério, amigável e, acima de tudo, sarcástico.

Ele havia acabado de me perguntar com quem eu tinha vindo à festa quando vi Nathan pelo canto do olho.

— Beulah! Aí está você! Por onde andou, meu docinho de coco? Espero que não esteja flertando com outros homens — ele disse ao baixar seus lábios até os meus e me beijar na boca. Ele olhou para David. — Ah, ei, eu conheço você, não? — ele perguntou.

— Sim, sou David Stevenson. Desculpe, qual é seu nome mesmo?

— Nathan — ele respondeu com uma expressão venenosa no rosto. — Acho que você é um ou dois anos mais velho que eu.

— É, acho que você tem razão — disse David. — E então, como vai?

— Quer dizer que você já conheceu minha esposa? — disse Nathan, para meu horror.

Comecei a objetar, mas Nathan interrompeu, dizendo: — É duro para ela, desde que saiu da reabilitação... quer dizer, estar perto de pessoas bebendo, você entende. — Ele pegou meu drinque e o cheirou. — Que droga, Beulah! Nada de bebidas! — ele me repreendeu, apontando o dedo para o meu rosto. Então balançou a cabeça, me pegou pelo cotovelo e disse: — O que acha de irmos embora agora, querida? — Eu não podia sequer olhar para David. Não adiantava me explicar naquela situação, então me virei e saí andando, como se tudo que Nathan dissera fosse verdade.

— Para que tanta bichice? — perguntei a ele. — Ele era uma graça e era hetero.

— Ele é um imbecil. Eu o conheço. Você não iria querer nada com ele. E ele costumava achar que eu era gay.

—Você *é* gay, seu pederasta!

— Psssiu! — ele sussurrou. —Aquela mulher maluca estava praticamente me estuprando graças a você, e ela trabalha para a escola, então eu não podia lhe dizer que era gay.

—Ah, eu estou cheia dessas suas bobagens. Ninguém liga se você é gay ou não! Eu também quero me divertir. Nem tudo tem que ser sobre você! — Gritei, ao discutirmos num canto do pátio, como um casal que estivesse junto há anos. Então eu o deixei ali e fui até a primeira mesa em que vi uma cadeira disponível.

— Olá — eu disse ao casal de negros idosos que já estava sentado ali. —Vocês se importam se eu me sentar com vocês?

SOLTANDO A FRANGA

— Oh, claro que não, precisamos mesmo de um pouco de sangue jovem para animar as coisas por aqui — a mulher disse com um sorriso caloroso. Gostei dela instantaneamente.

Eu costumava pensar que havia sido negra em uma vida passada porque adoooooro gente negra. É a forma como eles se expressam que me atrai. Os brancos, pelo menos a maioria, são conservadores demais com suas emoções e não são nem de longe tão efusivos quanto os negros, quando se excitam com algo. Se você já assistiu a um game show em que um branco ganha e, depois, um negro ganha, pôde ver a diferença. Os negros não param para pensar antes de pular feito loucos para comemorar. Eles são muito mais espontâneos e festivos, e sempre achei que, sem esse nível de energia, de que adiantava fazer as coisas?

— Você e o seu amor estão discutindo a relação? — a mulher me perguntou, gesticulando na direção de Nathan. Aparentemente, eles tinham visto nossa briguinha.

— Sim — eu disse. — Ele ficará bem, só está tendo um ligeiro chilique. Eu sou Beulah.

— Bem, que lindo! É um nome típico na família? — ela me perguntou.

— Sim — eu disse. Tecnicamente, não era uma mentira. Beulah tinha que ser um nome típico na família de *alguém*. A única Beulah que eu conhecia era a Beulah Balbricker, a professora louca de educação física do filme *Porky's*, que era completamente desequilibrada.

Eles se chamavam Valerie e Larry William. Eu adorava a forma como Valerie falava. Tudo que ela dizia rolava pela sua língua numa melodia suave e melíflua. Havia um toque do sul, e ela era uma dessas pessoas que sorriem o tempo todo, e tinha uma pele tão lisa quanto um chocolate ao leite.

Eles me disseram que seu filho havia estudado naquela escola e que agora estava viajando, jogando basquete profissional, então eles tinham vindo em seu lugar. Casais que estão juntos há tanto tempo me intrigam. Sinto uma curiosidade genuína em saber o que era tão diferente há trinta anos que você possa de fato ter vontade de acordar ao lado do mesmo cara todas as manhãs pelo resto da sua vida. Observando como Larry acariciava a mão de Valerie, quis estar apaixonada como eles. Mas, enquanto Nathan estivesse por perto, aquilo não iria acontecer naquela noite.

Eles estavam no meio da história de como Larry William havia pedido Val em casamento quando Nathan se atirou na cadeira ao meu lado, bateu com seu copo na mesa e se apresentou. Sua gravata estava torta e ele lambia o canto da boca, tentando tirar um pouco da pastinha de *homus*. Estava claramente bêbado e eu, por fim, estava farta de seu comportamento. Não sabia por que estava fazendo favores a ele quando, obviamente, ele tinha sérios problemas pessoais com que lidar.

Decidi que havia chegado a hora da vingança, e me magoava ter que meter Val e LW na história.

— Oi, amor — eu disse no melhor tom de esposa espancada que podia exibir.

— Este é meu marido, Nathan — eu disse a Val e LW —, mas vocês nunca saberiam, já que ele se recusa a usar a aliança.

SOLTANDO A FRANGA

— Isso não é verdade — Nathan disse. Ele queria dizer que não era verdade que éramos casados, mas saiu como se não fosse verdade que ele se recusasse a usar aliança.

— Menino, isso é um grande desrespeito — soltou LW. Adorei que LW houvesse chamado Nathan de menino. Aquilo estava se tornando uma comédia da vida privada. Nathan ficou aturdido. Eu interrompi antes que ele recuperasse o bom senso.

— É tão difícil. Quer dizer, estamos casados há dois anos inteirinhos e ele nem sequer diz meu nome na nossa mensagem da secretária eletrônica. — Comecei a lacrimejar pensando naquilo.

— Chelsea! — explodiu Nathan.

— Chelsea? Quem diabos é Chelsea? — perguntei.

— Me desculpe… Beulah — ele se corrigiu. LW e Val olharam um para o outro, horrorizados. Ficou claro para nós que Nathan estava tendo um caso.

— Filho, você precisa colocar sua cabeça no lugar — advertiu LW. — Olhe, não quero desrespeitá-lo, mas você tem uma pequena excepcional em casa, e se não acordar para a vida e cuidar do que tem, outra pessoa o fará.

Achei que tivesse morrido e ido para o céu. Não só um negro grandão estava defendendo minha honra, como havia se referido a mim como "pequena".

Nem mesmo Nathan poderia responder a tamanha imponência de LW. LW tinha a voz igual à de James Earl Jones e mais de um metro e noventa, com ombros onde até um anão poderia se equilibrar. Percebendo que não tinha a menor chance contra aquele homem e que, se resistisse ou tentasse falar, ele se mostraria um idiota, Nathan teve que se render.

— Você tem razão — ele disse, com a cabeça baixa, que era como deveria ficar.

— Agora estamos chegando a um acordo — disse James Earl Jones.

— É bem difícil porque ela trabalha o tempo todo — disse Nathan, tentando virar a mesa, mas eu não iria permitir que ele me superasse.

— O que você faz, querida? — perguntou Val.

— Trabalho principalmente com os cegos. Com algumas pessoas surdas também — eu disse a ela.

Nathan cuspiu um pouco de sua bebida.

— Estão vendo? Ele acha que é engraçado. Ele tira sarro deles — eu disse.

— Eu não acho que seja engraçado. Eu não... — ele disse a Val e LW, tentando recuperar a compostura. — Só... Eu só quero que ela... fique mais em casa.

— *Isso,* eu entendo — disse LW.

— Beulah, o que exatamente você faz com os cegos? — perguntou Val.

— Ajudo-os a competir em corridas de revezamento — foi a próxima coisa que eu disse.

LW colocou um sushi na boca e Val me olhou com a testa franzida: — E o que você faz? — Val perguntou a Nathan.

— Sou empresário musical — ele disse.

— Raramente — eu disse. — Ele só tem uma banda. — Essa parte era verdade, mas agora fui eu que fiquei parecendo uma megera. E eu tinha a sensação de que Val e LW não estavam acreditando na minha história e precisava controlar o prejuízo.

— Me desculpe, amor. Eu sei que você está tentando, mas o que fazemos da vida não é o problema. É o tempo que passamos a sós. — Olhei para Val e LW. — Ele nunca quer sexo e, quando quer... bem... — divaguei como se estivesse insegura quanto a contar para eles.

— Qual é o problema, querida? — perguntou Val.

Nathan interrompeu: — Nós fazemos bastante sexo — ele disse casualmente.

— Sim, mas não do jeito que eu gosto — eu disse, então olhei para Val e LW com a expressão dolorosa de uma vítima. — Ele só quer fazer anal.

Nathan pulou da cadeira e saiu correndo enquanto Val me olhava com horror nos olhos. LW baixou a cabeça, colocando uma mão sobre a testa.

— É melhor eu ir procurar meu marido — eu disse e pedi licença.

Andei a esmo por alguns minutos, procurando por David Stevenson. Quando o vi, perto do bufê, acenei do outro lado da sala e fui em sua direção. Ele deu meia-volta rapidamente e foi embora na direção contrária.

Fui procurar Nathan e o encontrei de pé num canto, com os braços cruzados, conversando com um senhor mais velho. Peguei meu lenço de cabeça, que vinha usando como guardanapo, enrolei-o em minha testa e o amarrei com um grande nó, como se fosse um líder indiano. Daí, caminhei vagarosamente até Nathan e disse: — Olá, amor. Quem é este com quem você está conversando?

— Ah, esse era meu reitor, Reitor Edwards. — Nathan nos apresentou com um olhar que dizia: "Não diga *nada*", mas eu já estava cansada de Nathan e cansada daquela festa; então, depois de alguns minutos de conversa fiada, eu me inclinei para eles e disse:

— Se me dão licença, cavalheiros, tenho que ir dar uma cagada.

Nathan e eu nos encontramos lá fora perto do valet parking alguns minutos depois e, naquele ponto, não tivemos alternativa senão rir incontrolavelmente até que de fato comecei a molhar a calça. Fazia meses que eu não mijava na calça! A última vez tinha sido em Las Vegas e eu estava dormindo. Então não contava.

Exatamente uma semana mais tarde, fui a um jogo dos Lakers com um peguete. Ao percorrer o corredor, dei de cara com Larry William: — Olá, querida, como você está? — ele perguntou.

— Ah, nossa! — eu disse — Oi! Seu filho deve estar jogando contra os Lakers. — Larry assentiu. — Como vai você? — perguntei.

— Ótimo. Você veio com seu marido? — ele perguntou, bem na frente do meu acompanhante.

— Não, na verdade nós... — Houve um longo instante de silêncio constrangedor, o qual LW, Val e eu já havíamos enfrentado antes, e então eu disse: — separamos, nós nos separamos. — Então me inclinei e sussurrei no ouvido de LW: — Acho que ele é gay.

LW sussurrou de volta no meu: — Acho que você está certa.

SOLTANDO A FRANGA

Apresentei meu carinha a LW e Val e, quando nos separamos, Val me deu um abraço e sussurrou para mim: — Vamos orar por você.

— Por favor — respondi.

Meu acompanhante e eu fomos procurar nossos assentos. Quando nos sentamos, ele me olhou e disse: — Bem, que novidade *excelente*! Há quanto tempo você é casada?

Reprise

ERA DIA DOS Namorados e eu tinha passado o dia na cama com meu amor eterno, Ketel One. Nós dois assistimos a uma maratona de filmes românticos no canal TBS Superstation que me fez questionar como as pessoas que escreviam comédias românticas conseguiam dormir à noite.

Em determinado ponto de quase todas as comédias românticas, a atriz principal repentinamente tropeça e cai, topando em algo ridículo como uma folha e, então, um cara estilo Matthew McConaughey vira a esquina bem na hora para salvá-la ou se deixa cair, desajeitadamente, junto com ela. Esse evento leva, de forma previsível, ao momento mágico do primeiro beijo. Faça-me o favor. Eu *vivo* caindo. Sabe quem vem me levantar? O leão-de-chácara.

Então, dentro das duas horas de filme, o casal se conhece, se apaixona, se desapaixona, rompe e, então, um pouco antes do fim do filme, eles se trombam por "acaso" em um lugar totalmente absurdo, tipo perto de um rio. Isso nunca acontece na vida real. A última vez que *trombei* com um ex-namorado foi às três da manhã na farmácia. Eu estava comprando remédio contra gases e removedores de calos.

Geralmente, gosto de comemorar o Dia dos Namorados voando de balão por cima da grande Los Angeles e apontando para todos os prédios de apartamentos em que já dormi. Esse Dia dos Namorados era diferente porque eu ainda estava profundamente deprimida por ter levado o fora de um cara cujas pernas eram mais finas que as minhas. Se você já viu as pernas traseiras de um pastor alemão que se afasta de você trotando, então consegue ter uma ideia de como eram a panturrilhas do meu ex-namorado.

Eu havia namorado meu locador durante uns nove meses antes de terminarmos. Ele não era o tipo de locador estilo Schneider, da série *One Day at a Time*, zanzando pelo prédio com um cinto de ferramentas e um bigode de detetive. Ele era um cara distinto, de boa aparência e tímido, com um caráter inofensivo. Era proprietário daquele edifício e do prédio vizinho, no qual vivia. Depois de vê-lo pela primeira vez, enquanto assinava meu contrato de locação, telefonei para Ivory para lhe contar a novidade: — Vou ter que começar a namorar meu locador.

— Sério? Ele é gostosão? — ela perguntou.

— Ele não é *gostoso*. É outra coisa. Ele é tímido e vai dar um pouco de trabalho. Acho que ele deve estar com medo de mim. Vou ter que vencê-lo pelo cansaço.

E foi exatamente o que eu fiz. Telefonei para ele várias vezes com emergências do tipo: minha chama piloto ter se apagado (depois que a soprei) e a porta do box do meu chuveiro ter saído dos trilhos (depois que a desencaixei). Isso sempre levava a um café e/ou uma refeição. Depois de termos passado tempo juntos por alguns meses sem que ele desse o primeiro passo, finalmente o confrontei: — Escute aqui, locador, o que está rolando aqui, hein? Vamos começar a namorar ou não? Tenho uma queda por você e não estou interessada em fazer novas amizades. O único motivo pelo qual passo tanto tempo com você é para conseguir um rala-e-rola. E estou exausta. — Nunca havia colocado tanto empenho em um relacionamento que nem sequer houvesse começado. — Ou nos transformamos num casal, ou chega de Chelsea para você.

— Deixe-me pensar no assunto — ele disse.

Dois dias depois, apareceu em um de meus shows de comédia stand-up: — Quer ir para a minha casa? — ele me perguntou depois, ao me acompanhar na saída.

— Sim — respondi e me flagrei saltitando pela primeira vez desde a puberdade.

Meu locador era um cara de fala mansa e nos dávamos muito bem — mas também brigávamos pra caramba. Ele não se parecia com nenhum cara com quem eu já tivesse namorado. Era superconservador, inseguro e incerto de quase todas as decisões que tomava. Porém, ao mesmo tempo, ele era atencioso, muito engraçado e realmente bom em matemática. Ele queria ficar comigo praticamente o tempo todo, o que não me incomodou tanto quanto pensei que incomodaria.

Tínhamos personalidades totalmente opostas. Ele comprava roupas, eletrodomésticos e materiais para o prédio e então, quase que imediatamente, os devolvia. Essa mentalidade me enlouquecia. Eu não sabia que os homens podiam ser tão inconstantes. Eu nunca havia devolvido nada na minha vida. Se o artigo não desse certo para mim quando eu chegasse em casa, eu simplesmente levantaria as mãos para o alto e o doaria à caridade.

Ele sempre queria o termostato ajustado num mínimo de 23°C; eu despertava no meio da noite ensopada de suor e saía da cama de fininho para diminuir a 21°C. No dia seguinte, ele reclamava de dor de garganta e me dizia que a casa parecia um frigorífico. Uma manhã, acordei e o encontrei usando um gorro de esqui. Que drama!

As piores coisas a respeito dele eram as pernas esqueléticas e o fato de que eu tinha quase certeza de que poderia vencê-lo numa briga. Ele se agarrava tanto a mim na cama que, quando eu me levantava para ir até a cozinha pegar um copo d'água, ele continuava grudado em mim, feito um orangotango.

Não foi o rompimento em si que me doeu tanto. Foi o fato de que eu vinha planejando romper com ele primeiro, mas não o havia feito por achar que ele ficaria arrasado — só para voltar para casa depois de um fim de semana de esqui em Aspen e ser pega de surpresa. Foi um completo ataque surpresa. Não gostei do fato de haver pensado tanto nos sentimentos de alguém enquanto ele estava *me* mandando dar o fora. Apesar de saber que o relacionamento jamais poderia funcionar no longo prazo, principalmente porque nunca poderíamos usar short juntos em público, secretamente eu tinha esperança de que uma nova tecnologia de aumento de panturrilha estivesse prestes a ser lançada no mercado.

REPRISE

Alguns meses se passaram, mas a dor simplesmente não parecia ceder.

Yvory ligou no Dia dos Namorados para dizer que haveria uma festa à fantasia naquela noite e que minha presença era obrigatória: — Vai ser em um galpão no centro da cidade e é uma festa para arrecadar fundos para crianças com deficiências. Finalmente algo sobre o que eu vinha mentindo há anos iria se tornar realidade. Eu não tinha a menor vontade de sair da cama, mas precisava fazer um esforço pelas criancinhas. — Vamos nos encontrar no condomínio para tomarmos umas antes da festa — Ivory disse.

O condomínio era o lugar onde Lydia morava com todos os seus vizinhos degenerados. Era como se fosse o condomínio do seriado *Melrose Place*, tirando a piscina e os moradores ricos. Era um lugar divertido para se passar o tempo e fazer uma festa, mas não era nada divertido acordar ali. Lydia e seus vizinhos já ti nham dormido uns com os outros, uma ou outra vez, e aquilo havia se transformado num autêntico troca-troca.

— Não tenho fantasia — eu disse a Ivory.

— Nós fazemos uma para você.

Eu lembrei Ivory sobre alguns meses antes, quando fomos a uma festa de Halloween fantasiadas de lésbicas; vestimos uma calça Levi's largona, corrente no bolso, um cinto com chapas metálicas. Na nossa camisa regata estava escrito: "nós apoiamos bush*" e "bush é demais". Como a festa havia sido logo após a invasão do Iraque, as pessoas acharam que estávamos nos referindo ao Presidente Bush.

---

* bush: gíria norte-americana para a parte pubiana das mulheres. (N.T)

Não só aprendi a lição naquela noite com relação a apoiar George W. Bush na Califórnia, como também sobre usar uma roupa pouco atraente em uma festa à fantasia. Era uma oportunidade clara de se exibir desavergonhadamente e nós a tínhamos desperdiçado. Ninguém quis saber da gente. Até mesmo os amigos com quem havíamos ido à festa ficaram com vergonha de serem vistos na nossa companhia. Ivory e eu passamos a noite inteira sentadas num canto, sozinhas; a única pessoa que se aproximou foi um leão de chácara para avisar que estava na hora de parar de servir bebidas alcoólicas.

— Ah, é mesmo, tinha me esquecido disso — disse Ivory.

— Vá alugar uma.

— Não posso. Vai começar o programa *E! True Hollywood Story* sobre a Whitney Houston e o marido dela daqui a dez minutos.

Ivory telefonou dez minutos depois para me dizer que sua colega de apartamento, Jen, tinha uma fantasia extra de gênio com um bustiê que ficaria sexy: — A calça é transparente, então use uma calcinha grande — ela avisou.

— Não tenho nenhuma calcinha grande, só a que eu uso quando estou menstruada e ela é feia demais.

— Que cor é?

— Vermelha — eu disse. — Não por causa da menstruação, é vermelha mesmo.

Era uma calcinha de náilon que segurava a barriga e apertava tudo pra dentro quando se estava inchada. Não era uma calcinha que eu quisesse exibir. Em geral, esse tipo de roupa íntima não era usado por ninguém com menos de sessenta anos.

— Ninguém vai ver, estará escuro, só use alguma coisa que cubra a sua bunda. Ou a parte de baixo de um biquíni.

— Que cor é a calça? — perguntei a Ivory.

— Chelsea, desencana. Esteja na casa da Lydia às oito e nos arrumaremos lá.

Estacionar na frente da casa de Lydia era sempre um pesadelo, então telefonei para nosso amigo Holden, que morava virando a esquina e estacionei na garagem dele. Holden é como uma das garotas. Ele é um amor e todas nós somos amigas dele há anos. O único defeito de Holden é que ele sofre de um caso sério de DDA. Ele é aquele tipo de pessoa que te faz uma pergunta e, daí, interrompe a resposta com outra pergunta. Esse hábito pode ser bastante irritante, principalmente se você está nervoso — o que já resultou em várias cenas dramáticas de rompimento com as namoradas dele envolvendo roupas e móveis sendo atirados pela sacada. Holden não liga que gritem com ele, então isso ajuda a liberar a raiva relacionada ao fato de ele nem sequer ter ouvido o que lhe disseram.

Holden não sabia sobre a festa, provavelmente porque não havia prestado atenção quando fora convidado; portanto eu o convidei de novo. Ele tampouco tinha fantasia, então eu lhe disse para usar uma de suas roupas de mergulho. Holden é dono de uma empresa de roupas de banho que vende de tudo: de roupas de mergulho a pranchas de surfe. Ele guarda todo o seu equipamento no apartamento onde vive, e vem bem a calhar toda vez que eu decido passar mais tempo debaixo d'água.

Quando cheguei à casa de Lydia, as três garotas já estavam vestidas. Ivory era uma colegial sexy; Lydia, uma policial sexy; e Jen, um M&M.

Chelsea Handler — *Minha Vida na Horizontal*

A fantasia de gênio era realmente bonita e serviu perfeitamente em mim. Assim que Jen me viu com ela, percebi um olhar em seu rosto que dizia: "Pode tirar, eu vou usá-la".

— Chelsea — Jen disse. —Tenho uma ideia. Você pode ir com a fantasia de M&M!

— Tudo bem — eu disse. — Pode ficar com ela. Você gosta mais de chocolate do que eu.

— Eu insisto — ela disse, com um sorriso cheio de dentes, como o daquelas líderes de torcida depois de terem sido atiradas para o alto. — E, de qualquer forma, a fantasia de gênio é minha mesmo. Fui eu que trouxe para você.

Vesti a roupa de M&M. A parte de cima era em forma de abóbora e fazia uma esfera perfeita em volta do meu corpo. Vinha com meia-calça verde combinando, a qual vesti sobre minha calçola vermelha. Os sapatos de Jen para a fantasia de M&M não me serviam, assim como nenhum dos sapatos de Lydia. O único sapato que eu tinha levado era o que havia calçado para ir até lá. Chinelo Adidas preto. Essa foi minha fantasia.

— Preciso da sua calcinha — disse Jen ao se olhar no espelho de corpo inteiro. Dava para ver através da calça de gênio e ela estava usando um fio-dental de oncinha.

— Não vou te dar minha calcinha — eu disse —, e será que poderíamos, por favor, parar de usar essa palavra? — Existem três palavras que me causam aversão: "calcinha", "úmido" e "escorregadio". Todas parecem palavras que um molestador de crianças usaria. Juntas.

—Você tem que me emprestar. Não posso usar essa fantasia com um fio-dental — Jen insistiu.

— Tá bom! — bufei ao tirá-la e vestir novamente minha meia-calça.

— Você não quer alguma roupa de baixo? — Lydia perguntou.

— Não, vou deixar o bicho solto. — Nem morta eu ia pegar emprestado a calcinha dos outros e não podia acreditar que Jen estivesse disposta a usar a minha.

— Você quer a tinta verde para pintar o rosto? — Jen perguntou.

— Não, obrigada — eu disse, lançando-lhe um olhar furioso.

Existe uma linha tênue entre ser sossegado e ser feito de idiota, e deixar que alguém pintasse meu rosto de verde cairia nessa segunda categoria.

— Qual é o problema? Você está uma graça — Jen disse no mesmo tom de voz que se usa para falar com uma garota que está indo a seu baile de formatura numa cadeira de rodas.

Holden veio como um pato para perto de mim, usando uma roupa de mergulho com máscara.

— Acho que nós dois vamos sobrar esta noite — eu disse.

A festa tinha potencial, mas não entrei no clima por causa do meu humor sombrio. Holden e eu nos sentamos num canto, tirando sarro da fantasia das pessoas e, quando nos cansamos disso, comecei a tirar sarro de Holden, que suava tanto que havia abaixado a parte de cima da roupa de mergulho e agora estava com o peito nu.

No fim da festa, Lydia nos disse que todos nós iríamos dar uma esticada no apartamento de um cara vestido de Batman. O único argumento favorável era que o apartamento ficava em

Santa Monica, localizado convenientemente virando a esquina da casa de Lydia.

Estávamos chegando ao prédio quando achei que ele parecia estranhamente familiar. Há muitos edifícios em Santa Monica que são praticamente idênticos; imaginei que fosse o caso daquele. Mas, quando Ivory, Jen, Lydia, Holden e eu nos amontoamos para subir ao apartamento do Batman, olhei em volta do lugar e tive uma sensação não tão melancólica. Nunca esqueço um apartamento. Um rosto, talvez, mas não um apartamento. Observei o Batman com cuidado, mas não o reconheci em absoluto.

— Há quanto tempo você mora aqui? — perguntei enquanto checava meu e-mail no computador dele.

— Uns dez anos — ele me disse.

— Eu pareço familiar a você? — perguntei-lhe quando ele me entregou uma cerveja e eu me sentei em minha fantasia de M&M. Cliquei no site da Oprah para ver se eles já tinham decidido qual seria o livro do próximo mês.

— Na verdade, não, qual é seu nome?

— Chelsea.

— Não. Talvez já tenhamos nos encontrado por aí.

Depois de perceber que aquela esticada pós-festa não ia dar em nada, fui até a cozinha e preparei para mim mesma uma porção de miojo. Infelizmente, tive que comer direto da panela com pauzinhos, porque não vi nenhuma lava-louça e, a julgar pela aparência daquele lugar, ele não era uma pessoa muito limpa. As meninas estavam sentadas no sofá, ouvindo música.

REPRISE

Eu estava cansada e lembrei-lhes de que nada de bom acontece depois das duas da manhã.

O Batman me olhou com malícia nos olhos e disse: — Isso não é verdade.

Não gostei de seu tom de voz e saí da sala. Fui até o quarto dele e encontrei um Nintendo ligado à televisão.

O Nintendo já havia sido substituído pelo Play Station anos atrás; eu não via um daqueles desde o ensino médio. A excitação que senti no momento só poderia ser comparada à J. Lo lançando um novo CD.

Eu estava no nível quatro do Super Mario Brothers quando Ivory entrou e me disse que ela achava que Jen e Batman iam se pegar.

— Ela não pode fazer isso — eu disse. — Pode ser que eu até já tenha dormido com ele.

— Dormiu?

— Não tenho certeza, mas este lugar me parece familiar.

Ivory saiu e foi buscar Lydia. Elas ficaram paradas na minha frente com os braços cruzados me observando jogar.

— Então, você dormiu ou não? — Ivory perguntou.

— Eu não me lembro, mas sei que já estive aqui, e não consigo imaginar ter dormido na casa de um estranho sem haver transado com ele. — Então o Batman entrou no quarto dele segurando um pedaço negro de alcatrão e perguntou se alguma de nós estava interessada em fumar haxixe.

— Está falando sério? — perguntei. A ideia de fumar um tijolo praticamente me atraía tanto quanto assistir a Michael Bolton cantando ao vivo.

— Quem é que fuma haxixe? — perguntou Lydia.

— Espere um pouco. Eu sei de onde te conheço — eu disse.

Ao receber a oferta do haxixe, a lembrança veio à tona. Uma vez, eu estava numa festa no Condomínio, tarde da noite, com alguns vizinhos de Lydia, e o Batman estava lá. Ele morava a uns dez quarteirões de mim, na época, então dividimos o táxi para voltar para casa, mas eu estava tão bêbada que, quando paramos na casa dele, também desci do táxi. Ele não me lembrou que eu não morava lá. Quando entrei e percebi que estava na casa dele, ele se inclinou e tentou me beijar. Eu disse para ele se afastar e me trazer uma compressa fria, um ventilador e um travesseiro para o sofá.

— Eu dormi aqui uma noite, há alguns anos, lembra? Dormi no seu sofá e você me trouxe uma compressa fria e um ventilador. Lembra que eu não estava me sentindo muito bem?

— Ah, é, mais ou menos … você estava bem bêbada — ele disse.

— Ai, meu Deus, que engraçado! Onde eu estava? — Lydia perguntou.

— Provavelmente namorando com o Bafo de Cu — eu disse a ela.

— E vocês se pegaram? — perguntou Ivory.

— Não, eu só dormi aqui — eu disse.

Era verdade: nós não tínhamos transado. Senti um orgulho imenso no momento por ter dormido na casa de um estranho sem ficar com ele. De repente, era como se eu fosse a madura do nosso grupo de garotas e fiz uma anotação mental de que deveria aconselhá-las, depois, a respeito de como "não quer dizer não!".

— Você não limpou meu apartamento? — ele me perguntou.

— Sim, um pouquinho — eu disse. Eu havia limpado porque, quando acordei pela manhã, não pude acreditar que aquele cara vivesse em tamanha imundície. Não sou maníaca por limpeza; portanto, se eu estiver arrumando a casa de alguém, é porque deve estar em condições bastante insalubres. Eu me lembro claramente de que havia frios grudados na parede.

— Como você se lembrou de ter dormido aqui depois de anos? — Ivory me perguntou.

— Só porque naquela noite ele também me ofereceu haxixe, e essas foram as únicas duas vezes na minha vida em que isso aconteceu.

— Não acredito que você não dormiu com ele — disse Lydia.

— Bem, Lydia — eu disse, muito condescendente —, às vezes é preciso fazer escolhas mais inteligentes.

— Cale a boca, idiota — disse Ivory.

— Podemos ir, ou Jen quer ficar com ele? — perguntei.

— Sim, vamos embora. Você quer dormir lá em casa? — Lydia perguntou.

Holden, Ivory, Lydia e eu chamamos um táxi enquanto Jen ficou para trás. Fomos deixados no Condomínio e Ivory fez o táxi levá-la até sua casa. Holden caminhou até seu apartamento e eu disse a ele que iria buscar meu carro lá de manhã.

As pessoas ainda estavam acordadas no Condomínio, festejando. Havia música alta e estranhos dançavam no pátio.

— Vou para a cama — eu disse a Lydia. — Me dê suas chaves.

Ela vasculhou sua bolsa durante uma quantidade de tempo que eu sabia que só poderia significar que não estavam lá: — Merda — ela disse. — Acho que as deixei na casa do Batman ou no táxi. — Ela não parecia nem um pouco perturbada por isso. — Ah, paciência! Nós vamos dar um jeito — ela disse.

O vizinho da Lydia, Gary, perambulou até nós em sua fantasia de caubói para falar oi. Ele levantou seu chapéu tão grande quanto um galão de vinte litros e perguntou qual era o problema.

— Lydia perdeu as chaves de casa e eu preciso dormir — disse.

— Minha porta está aberta — ele me disse. — Pode ir lá deitar. Eu fico com o sofá.

— Ótimo — eu disse. — Obrigada, Bush Cover.

Não conhecendo Gary nem sua higiene muito bem, decidi ficar com a fantasia de M&M. A meia-calça e o domo verde me protegeriam de qualquer percevejo em potencial. Desmaiei e me lembro de ter sentido Lydia vindo para a cama mais tarde e, então, de mais alguém se juntando a nós.

Por volta das seis da manhã, acordei com barulhos que só podem ser associados a um agarramento violento.

Estavam vindo do banheiro. De repente, houve estrondos altos causados pelo que presumi fossem artigos de higiene caindo pelo chão.

— Oh! Oh! Oh, meu Deus! G-G-G-G-Gary! Sim… aí mesmo, não, mais para cima, oh, meu DEUS! — gritou Lydia.

Embora eu não pudesse me ver, sabia que esboçava a mesma cara que Macaulay Culkin em *Esqueceram de Mim* quando descobre que seus pais o esqueceram em casa.

Rolei para fora da cama, caí no chão e engatinhei porta afora, mantendo a cabeça baixa como se estivesse me esquivando de fogo inimigo. Não tinha dado nem dois passos para fora do apartamento quando percebi que precisava do meu celular, da minha bolsa e dos sapatos. Tentei abrir a porta. Trancada. Bati, mas ninguém atendeu.

Olhei em volta à procura de algum sinal de vida, mas rapidamente percebi que, em algum momento da noite anterior, eu havia tirado minhas lentes de contato. Tudo além de seis metros de distância estava embaçado. Aquilo não era nada bom. Andei de um lado a outro, pensando no que deveria fazer em seguida, quando me lembrei que meu carro estava a apenas alguns quarteirões, na casa de Holden.

Será que eu poderia percorrer os cinco quarteirões até a casa de Holden vestida de M&M? Bati novamente à porta do apartamento de Gary, mas não adiantou nada. Ainda podia ouvir Lydia gemendo. Senti que iria passar mal. Aquilo era um completo desastre. Não podia acreditar que Lydia fosse capaz de transar enquanto eu estava a centímetros de distância, no mesmo apartamento. Porra, não estávamos mais no colegial!

Ouvir sua amiga gemendo o nome de alguém durante o sexo está pau a pau com pegar seus pais transando. Sei, porque, para a minha sorte, eu agora havia experimentado ambos.

Não havia alternativa. Desci correndo a escada do complexo e comecei a correr pela calçada em direção ao apartamento de Holden. Topei meu dedão quase de imediato, o que me reduziu a ir mancando energicamente.

O que eu mal podia distinguir como uma mulher passeando com seu cão atravessou para o outro lado da rua ao me ver. Um cara num carro que passava diminuiu a velocidade e gritou pela janela: — Noite dura? — Aquilo era humilhante. Eu nunca havia estado na rua assim tão cedo antes e não gostei nada da plateia.

Uma coisa era andar por aí vestida de M&M no Halloween, ou talvez até no dia seguinte, mas era algo totalmente diferente que eu o estivesse fazendo em fevereiro. Para piorar as coisas, a cada passo que eu dava, a parte de cima de algodão da minha fantasia, que era o M&M em si, ia se movendo para cima da minha bunda, e eu tinha que ficar segurando com uma mão atrás das costas. Sem falar que esse M&M aqui estava morrendo de vontade de mijar.

Quando cheguei à casa de Holden, comecei imediatamente a atirar pedras na sua porta de vidro deslizante: — Holden! — berrei.

— Fale baixo — um de seus vizinhos gritou e, então, saiu na sacada. — Minha senhora… ah — ele fez uma pausa. — O que você acharia se eu chamasse a polícia?

— Ah, por favor, vá em frente — eu disse. — E você vai dizer o que a eles? Que tem um M&M doido do lado de fora?

O vizinho balançou a cabeça e entrou.

REPRISE

Depois do que pareceu um ano, Holden finalmente saiu, esfregando os olhos. Assim que me viu, explodiu em gargalhadas.

— Será que você pode descer aqui e me buscar? — pedi.

Mais risadas. Agora ele estava com o corpo dobrado por cima da varanda, o rosto ficando vermelho.

— Quer saber de uma coisa, seu idiota? Será que dá para rir depois que eu entrar e não enquanto estou parada numa esquina?

Holden voltou a entrar apenas para sair novamente trinta segundos depois com uma máquina fotográfica. Depois de tirar a terceira foto de mim em meu pior momento, outro vizinho apareceu numa varanda: — E lá vamos nós de novo! Será que você e suas namoradas não poderiam dar um tempo?

Aquilo trouxe Holden de volta à realidade. Ele entrou para abrir a porta para mim: — Não sou namorada dele — gritei para seu vizinho lá em cima.

Holden desceu para me deixar entrar. Entrei e fiz xixi durante uns cinco minutos. A fantasia estava um desastre e a meia-calça começava a me assar.

— Me leve para casa. Posso entrar pela janela da cozinha — eu disse a ele.

Eu precisava estar na minha cama, na minha casa — já! Havia passado por humilhação suficiente para um dia. E talvez fosse hora de começar a me concentrar no rumo que minha vida estava tomando.

Chegamos ao meu apartamento por volta das oito e quinze da manhã. Pedi a Holden para esperar lá fora para o caso de eu não conseguir entrar. Não deve ser difícil, pensei; como eu moro no térreo, só o que tinha que fazer era dar um impulso até a janela da cozinha e trepar por ela. Digitei o código para abrir o portão e fui até a janela da cozinha.

Era mais alta do que eu me lembrava. Olhei ao redor, nervosa. Eu nunca tinha feito aquilo antes. Sabia que era possível porque Lydia o fizera uma vez, mas também ela tivera ajuda. Em vez de ir chamar Holden, tentei sozinha. Estava destrancada, mas eu precisava içar meu corpo para me espremer pela abertura. Lá pelo meio do caminho, minha fantasia de M&M ficou presa. A estrutura de arame que dava a forma de M&M não queria ceder. Eu tinha que tirar a fantasia pela cabeça ou voltar atrás e descer da janela. Se eu a tirasse, sabia que poderia entrar — eu já estava no meio do caminho. Então, me contorci para sair da fantasia.

Foi então que ouvi o portão de trás abrir e fechar. Escutei o ruído de passos se aproximando e, então, pararam. Ali estava eu, de meia-calça verde e sem calcinha, pendurada na minha janela da cozinha com a cabeça enfiada na pia: — Holden, se você tirar uma foto...

— Não é o Holden — disse a voz do meu ex-namorado/locador.

Merda. Merda. Merda. Por favor, diga que isto não está acontecendo comigo.

— Precisa de ajuda, Chelsea? — ele perguntou.

— Não, obrigada, tá tudo bem — eu disse de improviso. Como se as pessoas entrassem em seus apartamentos daquele jeito o tempo todo.

REPRISE

Ele suspirou profundamente, agitando suas chaves. Então abriu minha porta, entrou na cozinha e me puxou para dentro. Quando cheguei ao chão, eu me ajoelhei com os braços em volta do corpo para cobrir meu sutiã e minha periquita que podia ser facilmente vista através da meia-calça. Ele havia trazido a parte do M&M lá de fora e a colocou ao meu lado.

Meu ex não disse mais nada, mas olhou para mim pelo que pareceu uma quantidade de tempo anormal com uma expressão muito calma, quase assustadora.

— Não é o que você está pensando… — comecei a dizer. Eu queria dizer a ele que, a despeito das aparências, eu tinha sido uma menina muito boazinha na noite passada e que não havia dormido na casa de um cara qualquer e que, na verdade, ele deveria estar aplaudindo meu esforço heroico para chegar em casa. Eu queria explicar tudo, mas, a julgar pela expressão de desesperança em seu rosto, eu sabia que seria inútil. Tudo pareceria ridículo.

— Não diga nada — ele disse. Afastou-se e pegou uma toalha, colocou-a perto de mim e saiu.

Fiquei sentada no chão da cozinha me perguntando com que tipo de gente eu tinha amizade. Também me perguntei se algum dia iria me casar. Depois de mais ou menos uma hora, decidi parar de sentir pena de mim mesma.

Por que não olhar para o lado positivo? Eu acabara de passar minha segunda noite na cama de um estranho com quem eu não tinha transado. Não precisa ser um gênio para reconhecer que eu estava, obviamente, passando por uma boa fase.

Alarme Falso

SHONIQUA E EU tínhamos conseguido, não sei como, empregos trabalhando no mesmo programa de televisão. Agora estávamos, de fato, sendo pagas para agir feito idiotas, e animadíssimas com isso.

Estávamos num voo para San Francisco, onde iríamos filmar cenas externas durante três dias. Eu contava a ela sobre a última humilhação com meu ex e a fantasia de M&M.

— Ô, perua, você vai ter que tomar jeito nessa sua vida — ela disse, quando a comissária de bordo nos serviu amendoins quentes. — Você acredita nesta aqui? — ela perguntou à comissária. — Aposto que *você* não anda por aí com uma fantasia de Halloween no meio do inverno e, ainda por cima, perde a calcinha.

A comissária de bordo sorriu para Shoniqua e, então, olhou para mim e franziu a testa.

— Fale mais baixo — eu disse a Shoniqua. — Você não precisa me dizer que sou uma idiota, eu já sei disso. O problema agora é que o locador acha que eu ando dando por aí desde que nos separamos e isso não é verdade.

— Ele que se foda — ela disse. — Ele é uma bicha mesmo. Não te merecia e não dou a mínima para o que ele pensa.

— Obrigada, Shoniqua.

— O que eu gostaria de saber é quando você vai perceber que já é uma mulher adulta? — ela me perguntou.

Eu nunca tinha ouvido ninguém me chamar de "mulher" antes e aquilo me assustou. Eu ainda pensava em mim mesma como uma menina pequena — ou um menino.

— O que isso quer dizer? — perguntei a ela.

— Sei lá eu, porra — ela disse. —Você não quer se casar?

— Sim, claro que quero me casar, mas isso significa que não posso sair e me divertir? Será que devo simplesmente me casar com o primeiro babaca que aparecer? E, a propósito, tenho uma novidade para você, Dedos de Martelo. Ninguém quer se casar comigo, de qualquer forma.

— O problema é que você gosta demais de homens, cacete — ela disse. —Você é como um homem.

— Sabe de uma coisa? — eu disse a ela. — É melhor entrar no jogo e amar os homens do que ficar fora do campo reclamando deles o tempo inteiro, como metade das nossas amigas faz. Você preferiria que eu fosse amargurada e vivesse falando que todos os homens em L.A. são filhos da puta, como todo mundo nesta cidade? —Agora eu estava pegando impulso. — Por acaso, alguma vez reclamei de estar sozinha

ALARME FALSO

ou disse que iria desistir? Hein? — Eu tinha começado a gritar e havia lágrimas enchendo meus olhos.

— Está bem, sossegue a peruca e pare de chorar. É óbvio que você precisa arrumar alguém neste fim de semana, e vou começar a trabalhar nisto assim que este avião pousar.

— Obrigada — eu disse, aliviada.

A comissária de bordo se inclinou para o nosso corredor, olhou para nós com uma expressão desaprovadora e perguntou se nos importaríamos de manter a voz mais baixa.

— Me desculpe — eu disse a ela. — É que ela acabou de sair da prisão. — Então, Shoniqua fez um sinal de gangue e a comissária foi embora na direção de onde tinha vindo.

Pousamos em San Francisco e fomos levadas de carro ao W Hotel, onde todos que trabalhavam no programa estavam hospedados. Normalmente, viajávamos com quatro ou cinco produtores, o diretor e algumas pessoas que faziam pesquisa de locações.

Os três dias passaram sem muitas novidades devido às jornadas de trabalho de quatorze horas.

No último dia, terminamos de filmar cedo, por volta das cinco da tarde, então nos encontramos com todo mundo no bar do W Hotel. Todos queriam sair para jantar na nossa última noite, mas eu estava exausta e disse a Shoniqua que deveríamos deixar passar.

Antes daquele emprego, eu nunca tinha experimentado jornadas de trabalho de quatorze horas e meu corpo estava começando a entrar em estado de exaustão. Não só eu tinha, mentalmente, uma ética profissional terrível, como meu corpo parecia concordar com ela. Eu disse a todos que iria recusar o jantar, quando nosso produtor Jeff me informou que um de seus amigos que vivia em San Francisco estava vindo nos buscar.

— Ele é bonitão, Chelsea — ele disse. — É advogado e trabalha para o governo, tem uma casa e um barco, acho que você vai gostar dele. Iremos todos jantar fora.

Adoro quando as pessoas enumeram bens materiais para que você se interesse por alguém. Eu estava a ponto de perguntar se o amigo de Jeff também tinha uma bicicleta, mas não tive ânimo suficiente.

— Estou cansada demais — eu disse a Jeff. — Minha personalidade já era.

— Bem, perua, é para isso mesmo que eu estou aqui — meteu-se Shoniqua. — Chelsea, acho que deveríamos ir. Também estou cansada, mas pode valer a pena. — Assim é minha amiga Shoniqua.

Balancei a cabeça, cética.

— Escute aqui, *eu* tenho marido, então você é que sabe, mas eu detestaria vê-la perder uma oportunidade de dar umazinha. Principalmente com alguém que parece ser um partidão.

A ideia de que nosso produtor neanderthal, Jeff, pudesse de verdade ter um amigo que fosse considerado um partidão era tão provável quanto Paris Hilton ganhar um concurso de soletrar. As conversas de Jeff geralmente envolviam dois assuntos principais: sexo com animais e pornografia familiar.

ALARME FALSO

Essa noite, ele havia de alguma forma desviado a conversa para o novo fenômeno do branqueamento anal quando pedi licença e fui ao banheiro feminino. Eu havia comido demais durante os últimos dias e me abstive de qualquer tipo de exercício físico. Tinha que ver, de primeira mão, que tipo de estrago eu havia causado a meu torso. Entrei no banheiro, fiquei na frente de um espelho de corpo inteiro e levantei a camisa.

Meu Deus do céu! Parecia que eu estava esperando um bebezinho. Não no fim da gravidez, só no terceiro ou quarto mês. Daí, virei de lado para dar uma segunda olhada. Eu estava, claramente, no segundo trimestre. Comecei a repassar nomes de bebês na minha cabeça. Gostava do nome Lúcifer, mas só se fosse menina. Minha barriga estava começando a cair por cima do jeans — mais alguns dias assim e eu poderia tirar uma licença de encanador. Meu corpo é como o das mulheres latinas; quando ganho peso, ele se distribui por igual, mas só da cintura para cima. Virei para encarar o espelho de frente. Eu parecia dois palitos com uma batata assada espetada em cima:

— Blargh — eu disse em voz alta.

Uma mulher saiu de uma das cabines e perguntei-lhe se ela já tinha visto alguma coisa parecida com aquilo.

— Você vai ficar menstruada? — ela perguntou.

— Espero que sim — eu disse.

— Bem, provavelmente é só retenção de líquidos — ela me disse.

Eu sabia que não era uma retenção de líquidos, não só porque tenho como regra nunca beber água pura, mas também porque podia ver o contorno do cheeseburguer que eu tinha comido naquele dia. Fiz uma anotação mental para arranjar um aparelho de ginástica assim que voltasse para Los Angeles.

Voltei para o bar e disse a Shoniqua que eu estava gorda e que, portanto, não estava com ânimo de conhecer meu possível marido: — Fica para a próxima — eu disse.

Foi aí que Carter entrou. Dei uma olhada nele e anunciei: — Nós vamos.

A primeira coisa que gostei em Carter foi que ele estava vestindo um terno. Adoro homens de terno. Principalmente sem o paletó. Isso me faz pensar em drinques depois do trabalho em restaurantes caros. Morar durante oito anos em Los Angeles e ver homens andando por aí de moletom e chinelos de dedo no meio da tarde realmente faz com que você respeite um cara que tenha emprego.

Carter era uma graça, cerca de um e oitenta de altura e absolutamente encantador. Ele cumprimentou a todos com um beijo e nos conduziu a seu Yukon. Também gosto de homens com carros grandes. Ao nos juntarmos no banco de trás, Shoniqua afundou o dedo indicador na minha perna e disse: — Viu, eu te disse, caralho! É muito bom que você tenha a mim, porque nenhuma das suas amigas brancas iria fazer isso por você.

Fomos jantar em um restaurante mexicano americanizado e tentei uma manobra para sentar diretamente à frente dele, mas, de alguma forma, acabei sentando entre duas pessoas que nem sequer sabia que viriam jantar conosco. Mas Shoniqua sentou ao lado dele, então eu sabia que estaria protegida.

ALARME FALSO

Minha experiência no jantar consistiu em molestar duas enchiladas, enquanto ouvia uma das assistentes de produção local que havíamos contratado contar sobre a procura de seus pais biológicos. Sempre fico fascinada por histórias de adoção, mas por motivos diferentes da maioria das pessoas. Estou convencida de que minha irmã Sloane *foi* adotada, e já fiz de tudo para tentar provar isso. Até agora, não obtive sucesso. O mais perto que cheguei foi quando contratei um advogado via Internet, que me cobrou vinte e cinco dólares por e-mail e garantiu que havia grandes chances de que minha irmã de olhos azuis e pele clara fosse de ascendência crioula.

Depois do jantar voltamos ao bar do hotel para mais uns drinques. Duas das pessoas do nosso grupo pediram licença e se retiraram para dormir, então ficamos cinco. Carter e eu nos sentamos lado a lado em poltronas mega-acolchoadas, enquanto os demais ficaram no sofá de frente para nós. Eu estava terminando minha conversa com a assistente de produção quando, de repente, ouvi as palavras "teoria da conspiração".

Existem dois tópicos que gosto ainda mais que adoção: teorias da conspiração e Jennifer Lopez. Virei minha cabeça tão rápido que minha lente de contato pulou fora.

Carter estava discutindo o assassinato de Kennedy. Esperei o momento oportuno e, na hora exata, interrompi dizendo: — Que Kennedy, que nada! Vamos falar sobre Biggie Smalls e Tupac. Aí sim tem um monte de merda escondida!

Houve alguns segundos de silêncio constrangedor antes que Shoniqua o rompesse por mim: — Sabe que você está coberta de razão, Chelsea? Vamos falar sobre isso!

Graças à minha transição sutil, o grupo pôde apreciar uma discussão saudável, em que cada um contribuiu com suas opiniões a respeito dos três assassinatos. Não era a primeira vez que eu conseguia reunir as pessoas e, definitivamente, era algo a se considerar. Talvez um dia eu liderasse um comitê para pessoas desempregadas, mas que não estivessem dispostas a retornar ao mundo trabalhista.

Shoniqua disse que estava cansada e que iria para a cama. Lancei-lhe um olhar que dizia: "Não vá". Ela se inclinou para me dar um beijo de boa noite e sussurrou: — Está no papo, ele está a fim de você. Eu falei para ele, porra.

Assim que ela foi embora, Carter e eu nos aproximamos mais. Enquanto falávamos com as outras pessoas do grupo, ele ia pondo a mão na minha perna. Retribuí seu carinho com fortes tapas em suas costas sempre que alguém dizia algo engraçado.

Perguntei-lhe sobre seu trabalho e ele me disse que processava terroristas.

— Sério? — perguntei. — Você trabalha próximo ao Presidente Bush?

— Já me encontrei com ele, mas, na maior parte do tempo, trabalho com seus assessores.

— E as pessoas meio que ficam tirando sarro dele quando ele sai da sala ou isso é o tipo de coisa feita na surdina?

Ele sorriu e disse: — Não, nunca vi ninguém tirar sarro dele, mas há momentos em que certamente se trocam olhares.

— Espere um pouco. Você é republicano?

— Estou registrado como republicano, mas nem sempre voto nesse sentido.

ALARME FALSO

— Interessante — eu disse —, muito interessante.

Imediatamente comecei a ter fantasias de me casar com Carter e passar meu tempo livre com Colin Powell e Donald Rumsfeld no bar do Pentágono, onde eu iria interrogá-los sobre como eles podiam se opor tanto à pesquisa com células-tronco e, ainda assim, não propor a proibição dos bigodes longos.

Eu os convenceria de que os casais gays merecem todos os benefícios que nós três tínhamos a sorte de ter.

Também conversaria com eles sobre meu plano de previdência, ao qual nunca dei início, e veria se eles poderiam dar um jeito de me conseguir algumas vantagens. Existem tantos temas pelos quais eu faria lobby em Washington e me asseguraria de que todas as pessoas da minha comunidade fossem ouvidas. Eu seria como a nova Jackie Kennedy, só que mais fogosa e usando jeans.

Olhei para Carter com um nível totalmente novo de respeito e mal podia esperar para começarmos a nos encontrar com mais seriedade. Os sentimentos que eu tinha por ele, aliados ao fato de que eu havia acabado de assistir ao episódio de Oprah em que ela recebera um médico que explicou que, quanto mais sexo um indivíduo fizesse, mais saudável ele seria, levaram-me à minha decisão seguinte. Em meu constante desejo por manter um estilo de vida saudável, decidi que estava na hora de avançar.

Levantei-me e anunciei: — Bem, gente, estou morta. Vou subir para o meu quarto. Carter, você gostaria de me acompanhar num último drinque?

— Claro — ele disse e se levantou.

Paramos no balcão da recepção a caminho do elevador: — Você poderia mandar um pouco de gelo para o quarto 1202, por favor? — pedi ao recepcionista.

— Claro, imediatamente — ele me disse. Bem quando estávamos a ponto de entrar no elevador, voltei correndo e sussurrei para o funcionário: —Você tem camisinhas?

— Certamente, Srta. Handler — ele disse com um sorriso muito profissional. — Eu as enviarei imediatamente.

— Bem, até que foi fácil — eu disse a Carter quando me juntei a ele novamente dentro do elevador.

Não estávamos sozinhos, então não começamos a nos beijar até que entramos no meu quarto. Não foi de imediato, no entanto, porque antes Carter foi direto até o frigobar e pegou todas as garrafas de bebidas alcoólicas.

Havia um sofá que se estendia por toda a janela e estava conectado à parede. Sentamos ali juntos enquanto ele me servia uma vodca quente com soda e um gim-tônica para ele. Daí, ele foi até a geladeira e pegou a garrafa de dezesseis dólares de água Vos e tomou de um gole só.

—Você está bem? — perguntei a ele.

— Sim, só estou morto de sede.

— Pois é.

—Ah, me desculpe. Você tem que pagar por essas coisas? — ele perguntou.

— Não, não se preocupe. Coma umas Pringles também, se você quiser.

—Tudo bem — ele sorriu.

ALARME FALSO

Nós nos beijamos por algum tempo, o que foi bastante sem graça. Não tínhamos a química que eu esperava que tivéssemos e eu sentia que Carter não estava conseguindo relaxar. Ele ficava se levantando e sentando novamente. Era um cara bem legal e muito encantador, mas sua linguagem corporal estava completamente confusa. Então, ouvimos baterem à porta. Ele deu uma gorjeta ao mensageiro e agarrou o balde de gelo juntamente com um estojo de óculos de sol.

— O que é isto? — ele perguntou ao abri-lo e ver três camisinhas, colocadas como se fossem revistas num consultório médico.

—Você pediu camisinhas? — ele me perguntou.

— Não, são camisinhas mesmo? — perguntei. — Que engraçado! Isso é que é um bom serviço de hotelaria.

Carter estava colocando gelo em nossos copos enquanto liguei o rádio via satélite. Fui ao banheiro para me refrescar e dar uma última olhada na minha barriga. Eu não estava nem um pouco feliz com ela, mas havia notado que o corpo de Carter tampouco estava nas melhores condições e que ele tinha uns quilinhos extras na região da cintura. Ele tinha o físico de um jogador de futebol americano que houvesse parado de jogar há alguns anos.

Escovei os dentes e saí. Carter estava sentado no sofá da janela quando me aproximei. Ele fez um movimento com a boca que reconheci imediatamente como sendo do repertório drogado do meu amigo Nathan. Indicava das duas, uma: ou ele tinha um pelo na boca, ou tinha usado cocaína. Não era nem um pouco atraente e eu precisava investigar mais a fundo.

— Você está bolado? — perguntei.

Ele hesitou e, então, disse: — Só cheirei uma carreirinha. Tudo bem?

— Sei lá. Isso vai afetar a sua performance? — perguntei, referindo-me a seu pênis.

— Não, não, de jeito nenhum — ele respondeu.

Carter entendeu aquilo como uma dica para me provar que estava inquestionavelmente pronto para um pouco de ação e me jogou na cama. Ele veio para cima de mim e começou a colocar a mão dentro da minha camisa, quando a enfiei mais ainda para dentro da minha calça, por trás. Eu queria manter meu torso de quarentena até que pudesse ficar numa perfeita posição horizontal, com as mãos acima da cabeça, para garantir um look mais esbelto.

— Sua bunda é tão bonita — ele disse ao apertá-la um pouco forte demais.

—Você acha que isso é bom? Espere até provar um pouco disto aqui! — eu disse, arrancando a camisa e desabotoando o sutiã.

— Uau — ele disse.

— Não fique olhando, toque! — eu disse a ele, ao forçar sua cabeça entre meus peitos.

Então ele moveu a cabeça em direção ao meu estômago. Eu fui me esticando cada vez mais até que ele se dirigiu para a zona do agrião.

Rapidamente eu o puxei para cima. Não gosto de sexo oral entre estranhos e tinha que redirecionar o foco. Abri sua calça e ele tentou novamente mover a cabeça na direção sul.

ALARME FALSO

— Não — eu disse. —Vamos transar.

Arranquei a calça de Carter e ele estendeu a mão para pegar uma das camisinhas que havia colocado na mesinha de cabeceira. Rolamos na cama um pouco até que ele colocou uma e se dirigiu à minha vagina.

Um momento se passou enquanto eu esperava que ele começasse. Em vez disso, ele simplesmente ficou deitado em cima de mim em silêncio. Será que era esta a ideia que Carter tinha de sexo?

— O que foi? — perguntei.

— Eu sinto muito — ele disse. —Acho que não vou conseguir.

— O quê? — perguntei.

— Eu cheirei mais que uma carreira... mas posso fazer outras coisas — ele disse.

Eu me perguntei se por outras coisas ele queria dizer encontrar alguém para mim cujo pênis funcionasse.

— Me sinto péssimo — ele disse.

—Argh — eu disse e pus a mão na testa. —Você não trabalha para o governo? — perguntei.

— Sim — ele disse.

— Bem, e o que é que vocês fazem? Ficam lá sentados e cheiram coca juntos? É isso que anda rolando na capital da nossa nação?

— Não, não, de jeito nenhum.

— Isto é ridículo — eu disse e rolei na cama para me cobrir com a colcha.

— Posso ir a L.A. e te compensar? Isso não costuma acontecer — Carter explicou.

Vir a L.A.?, pensei.

Eu estava bastante irritada com a situação toda. Eu nem mesmo queria sair naquela noite e, agora, olha o que havia acontecido. Eu consumi muito mais que minhas mil e quinhentas calorias permitidas, tudo em nome do sexo, e agora não iria ganhar nada.

— Vou dormir — eu disse a ele.

— Vou deixar meu número com você. Gostaria de vê-la novamente, se você não estiver desmotivada demais.

— Ótimo — eu disse com o mesmo entusiasmo que reservo para os filmes do Steven Seagal.

Acordei na manhã seguinte e encontrei o número do celular de Carter escrito num bloquinho do hotel. Arrumei minhas coisas para quando a condução para o aeroporto viesse nos buscar, às nove. Às oito, desci ao restaurante e pedi um omelete só de claras com uma porção de Tabasco de acompanhamento. Precisava levar a sério os quilos extras que havia ganhado. Sentei sozinha a uma mesa, lendo a coluna de conselhos "Dear Abby". Quando em dúvida, conselhos sobre emprestar a escova de cabelo sempre te dará uma nova perspectiva sobre a vida.

Ocorreu-me o pensamento de que uma transa de uma noite só já não era tão divertida quanto antes. Senti nojo de mim mesma por ter ficado tão decepcionada com um completo estranho que não conseguira dar no couro. Eu me senti como deve se sentir um homem, depois de usar e abusar das mulheres durante anos a fio. Então lembrei a mim mesma de

ALARME FALSO

que só havia batido fisicamente em um homem, e ele parecera gostar. Eu me senti um pouco melhor, mas ainda estava deprimida. O que é que estou fazendo?, pensei.

Se continuasse nesse rumo, os únicos homens que iria conhecer eram caras como eu; e eu, definitivamente, não queria terminar com alguém como eu. As ideias de casamento e monogamia eram conceitos que já não me davam calafrios como antes. Eu queria alguém como Shoniqua tinha, para quem telefonar quando eu estivesse viajando ou para quem voltar depois que a happy hour terminasse.

O pensamento de abrir mão do álcool também passou por minha cabeça, mas logo me lembrei da promessa feita a Ketel One, a Grey Goose e a outras vodcas de alto nível que eu havia feito, quando tinha vinte e poucos anos. Nunca dê as costas a alguém que nunca pediu nada em troca.

Eram sentimentos que eu vinha tendo nos últimos anos e que, repetidamente, havia empurrado para meu subconsciente por medo de ter meu primeiro ataque de pânico.

Senti que talvez estivesse na hora de crescer, e eu *não* estava contente com isso.

Shoniqua, é claro, desceu dez minutos depois das nove porque ela nunca havia chegado na hora em toda a sua vida. Eu já estava dentro do carro ligado quando o motorista abriu a porta para ela. Ela pulou para dentro: — E aí, perua?! Como foi?

— Nem me pergunte.

— O quê? Menina, não me diga que você conseguiu foder tudo, por favor. Eu ralei durante umas duas ou três horas resolvendo essa merda para você. Não me *diga* que você deu um jeito de foder com tudo.

— Carter cheira coca e não conseguiu dar no couro.

Sua boca ficou aberta até que, fisicamente, eu a fechei por ela.

— Acho que você deveria dar outra chance a ele — ela disse. — Você deu seu telefone para ele?

— Ele me deu o dele e está lá em cima no quarto, onde o deixei.

— Chelsea — disse Shoniqua com sua voz de "você deveria se envergonhar".

— Decidi que vou dar um tempo — eu lhe disse.

— Um tempo em quê?

— Sexo. Não vou fazer sexo por um tempo, ou pelo menos até que eu conheça alguém com quem me importe. Chega.

— Bem, merda, nunca ouvi você dizer isso antes — Shoniqua disse. — Você poderia entrar em choque, porra.

— Já não tem mais graça, e você está certa. Sou uma adulta de verdade e, quer eu goste ou não, alguém vai ter que se casar comigo algum dia, então é melhor que eu comece a me aprontar para ele.

— Apoiadíssima! — disse Shoniqua.

— Você ouviu isso, Ahmed? — ela disse ao motorista, cujo nome ela não sabia. — Chelsea vai fechar a loja para umas férias! E já não era sem tempo, cacete!

Estávamos indo de avião para Nova York para filmar mais um pouco do nosso programa de televisão, então meu pai decidiu nos buscar no aeroporto e nos levar para casa para jantar.

ALARME FALSO

— Mal posso esperar para ver o maluco do seu pai — Shoniqua disse quando pegávamos nossas malas na esteira de bagagens.

Saímos e eu vi meu pai parado com meio corpo para fora de um Ford Escort roxo de duas portas, com faixas de carro de corrida. Estava faltando o para-choque dianteiro e, tendo crescido com carros como aquele estacionados na nossa garagem durante anos a fio, fui capaz de deduzir que o carro era de algum ano entre 1980 e 1985. Estávamos em 2005.

— Lá está o Melvin — apontei.

— Onde, onde? — Ela olhou ao redor, animada.

— Bem ali.

— Olhe só aquela merda de carro — ela disse.

Melvin nos viu indo em sua direção, saltou pela porta do motorista e começou a acenar com a mão.

— Você está vendo os dedos de salsicha que ele tem nas mãos? — Shoniqua perguntou, sorrindo e acenando de volta.

Ele saiu de trás da porta do carro, então pudemos ver seu traje completo. Ele estava com óculos escuros que cobriam metade do seu rosto e um chapéu bege de caubói que mal servia na sua cabeça. Vestia um enorme suéter multicolorido coberto de manchas de gordura que minha mãe havia, indubitavelmente, tricotado para ele, por cima de uma camiseta de golfe vermelha cujo colarinho estava exposto. Completando seu modelito, calça cargo mantidas no lugar por suspensórios, e tênis de cano alto, de velcro.

— Olhe para ele, olhe para ele… — Shoniqua repetia sem parar. — E aí, Melvin? — ela gritou e correu na direção dele.

— Como vai minha magia negra? — ele lhe perguntou ao aproximar-se para um beijo nos lábios e ela virou para que recaísse em seu rosto.

— Olhe só para você! — ela disse. — Este carro é o *máximo*.

—Você gostou? — ele perguntou.

— Se gostei? Combina com seu suéter — ela disse ao saltar para o banco da frente. Dei a volta para o lado do meu pai, suportei seu beijo nos lábios, entrei na parte de trás e limpei a boca.

—Você não vai acreditar, mas este carro está com duzentos e quarenta mil quilômetros — meu pai nos disse.

— Parece novo em folha — eu disse.

— E o para-choque, Melvin? O que aconteceu com ele?

— Ah, quem se importa? É só estético. Um carro não precisa de para-choque para funcionar. Anunciei este carro no jornal por três dias e já recebi dez telefonemas. Vai vender rapidinho.

Shoniqua virou o rosto para fazer contato visual comigo, mas eu me concentrei no tráfego.

— Então, como foi a viagem? — ele perguntou. —Você tomou conta de Chelsea?

— Claro, você me conhece, eu sempre tento manter esta aqui na linha — ela respondeu.

— Ela tem que tomar muito cuidado, esta minha filha. Os homens a adoram. E ela *adora* os homens. Ela é *muito* atraente, igual ao papai dela.

ALARME FALSO

Pressionei meu rosto à janela para me concentrar fortemente em outra coisa.

— Claro, ela é mesmo igual ao *papai* dela — Shoniqua disse. Ela enfiou o dedo por trás do banco dele e o espetou na minha perna. Ela sempre faz isso e já houve vezes em que fiquei com uma mancha roxa.

— Sabe, quando eu era mais jovem... agora já não tanto... as mulheres ficavam muito atraídas por mim — ele disse. — Morei em várias partes diferentes do mundo: Itália, Espanha, Grécia, Alemanha, e eu era um verdadeiro garanhão, nos antigamentes.

— Nos antigamentes? — Shoniqua perguntou.

— É, nos antigamentes... um segredinho: eu sei o que os jovens andam dizendo ultimamente, vejo MTV, assisto a *The Real World*.

— *Sério?* — ela disse.

— Ah, sim — ele disse, bem quando seu celular começou a tocar com a música "Confessions", de Usher.

— Tudo bem — Shoniqua disse e atirou sua bolsa na minha cabeça. — Este filho da puta é maluco — ela sibilou entre os dentes cerrados.

Melvin estava ao telefone com um possível comprador. — ... condição de zero bala, ronrona feito um bebê, rádio AM/FM, janelas manuais, *spoiler*, tudo que tem direito... US$1.275 é o que estou pedindo. Sem negociação!

— Ele não estava querendo mesmo comprar um carro, as pessoas não sabem o que querem — ele disse, ao desligar na cara da pessoa. — Então, a mãe de Chelsea pediu comida chinesa para vocês. — Ele se virou para Shoniqua enquanto passava por cima de um meio-fio. — A não ser que vocês queiram comprar frango agora na volta.

— Para mim, comida chinesa está ótimo — ela disse ao apertar meu joelho com mais força ainda. Eu não sabia quanto mais daquilo poderia aguentar e, agora, Shoniqua estava com sua janela aberta e a cabeça para fora.

— Vocês querem que eu ligue o ar-condicionado? — meu pai perguntou. — O ar-condicionado é potente, acabei de colocar um novo líquido refrigerante — ele prosseguiu. — Então, como estava dizendo, eu também tive meu apogeu uma vez, as mulheres simplesmente eram atraídas por mim... ainda são, de certa forma. Às vezes, vou ao supermercado e três ou quatro mulheres diferentes me perguntam onde ficam determinadas coisas, de picles a pêssegos. Sinto pena delas, provavelmente viúvas... elas veem um homem como eu, e não sabem o que fazer consigo. A Chelsea é igualzinha, não se pode mantê-la longe dos homens, nem os homens longe dela.

Shoniqua assoou o nariz e, de alguma forma, conseguiu se comportar: — Acho que Chelsea vai dar um tempo longe dos homens, por enquanto — ela disse. — Vou tentar arrumar um marido para ela.

— Verdade? — meu pai perguntou.

— Isso mesmo. Ela está com vinte e oito anos, precisa começar a se concentrar em ser uma adulta.

— Bem, fico feliz que ela tenha alguém como você cuidando dela. Deus sabe que ela nunca deu ouvidos a mim ou à mãe.

— Nisso você tem razão, Melvin. Vou fazer esta perua tomar jeito. Ela poderia escrever um livro sobre todos os homens com quem já se envolveu.

— Não é má ideia, Shoniqua, poderia ser bem atrativo.

—Você ouviu, Chelsea? — Ela se virou e olhou para mim. —Você deveria escrever um livro.

— Que ideia cretina — eu disse.

AGRADECIMENTOS

A Michael Broussard, Colin Dickerman, Stephen Morrison, Marisa Pagano, Mark Schulman, Susan Haber, Matt Johnson. A Chet, Roy, Glen, Simone, Shana, Olga, Wideload, Mikey, Black Magic e a todas as minhas pepitas. À Tia Gaby e ao Tio Terry Burke, por toda a minha vodca. A Panio Gianopoulos, muito obrigada por todo o seu trabalho, muito bem feito. A não ser no dia em que você foi ao "quiroprático".

SOBRE A AUTORA

Chelsea Handler nasceu em Livingston, Nova Jersey, e percorreu os Estados Unidos fazendo comédia stand-up. Agora, estabelecida em Los Angeles, ela pode ser vista nos teatros de comédia *Comedy Store* e *Laugh Factory* e como uma das estrelas do programa *Girls Behaving Badly*, no canal de TV a cabo Oxygen. Chelsea atuou como convidada nos programas *Spy TV, My Wife and Kids*, *The Bernie Mac Show* e *The Practice*, *Reno 911*, e sua apresentação de comédia stand-up foi televisionada nos programas *Love Lounge*, do canal VH1, *Premium Blend*, do canal Comedy Central, na cobertura da HBO do Festival de Comédia de Aspen e no *Tonight Show with Jay Leno*.

Impresso no Brasil pelo
Sistema Cameron da Divisão Gráfica da
DISTRIBUIDORA RECORD DE SERVIÇOS DE IMPRENSA S.A.
Rua Argentina 171 – Rio de Janeiro, RJ – 20921-380 – Tel.: 2585-2000